LES OISEAUX

ET

LES FLEURS.

LES OISEAUX

ET

LES FLEURS,

ALLÉGORIES MORALES

D'AZZ-EDDIN ELMOCADDESSI,

PUBLIÉES EN ARABE,

AVEC UNE TRADUCTION ET DES NOTES,

PAR M. GARCIN. de Tassy.

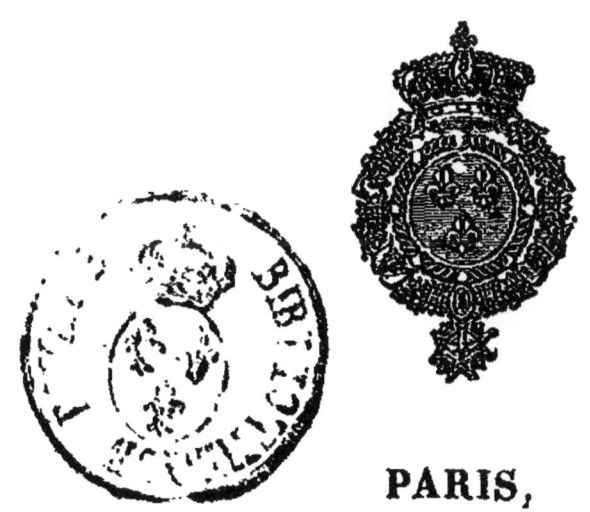

PARIS,
IMPRIMERIE ROYALE.

M. DCCC. XXI.

Mon livre est, pour les amis assemblés, comme un parterre de fleurs ; il éloigne le chagrin, il est incomparable par son élégance et unique par son exécution ; il offre le plaisir, mais les pensées les plus sérieuses y sont cachées.

A Monsieur
le Baron Silvestre de Sacy,
Membre de l'Institut et du Conseil royal de l'Instruction publique, Officier de l'ordre royal de la Légion d'honneur, Chevalier de 2.ᵉ classe de l'ordre de Sainte-Anne de Russie, etc. etc. etc.

Monsieur le Baron,

Je me fais un devoir de vous offrir les prémices de mes travaux, comme à celui dont les leçons et les conseils ont guidé mes pas dans l'étude des langues orientales. Oserai-je ambitionner votre suffrage! Il serait, si je pouvais le mériter, la récompense la plus flatteuse de mes efforts.

Au lieu de répéter ici des éloges que chaque jour le monde savant s'empresse de vous donner, je crois qu'il me sied mieux de m'exprimer par ce langage muet, plus éloquent mille fois, selon Azz-eddin, que les plus beaux discours; j'aurais d'ailleurs épuisé, à vous louer, toutes les ressources de l'éloquence, que je n'en serais pas moins réduit à finir par ces mots de Saadi :

ما هچنان در اول وصف تو مانده ام

« Après mon long discours, je suis à peine
„ au commencement de votre éloge. „

Je suis avec un profond respect,

Monsieur le Baron,

Votre très-humble et très-obéissant
Serviteur et Élève,

J. H. GARCIN.

AVANT-PROPOS.

1. Les allégories que je publie étaient iné- dites. Hagi-Khalfa, dans sa *Bibliographie* (كتاب كشف الظنون عن اسامى الكتب والعنون), et, probablement d'après lui, d'Herbelot, dans sa *Bibliothèque orientale*, se contentent d'en donner le titre sans aucun autre détail ; mais le célèbre William Jones s'exprime ainsi au su- jet de cet ouvrage, dans ses *Poeseos asiaticæ Commentarii*, p. *447*, édit. or. : « Inter opera
» rhetorica numerari potest libellus, qui ap-
» pellatur كشف الاسرار فى حكم الطيور والازهار hoc
» est, *Arcanorum patefactio de avium et florum*
» *proprietatibus.* Auctor fuit *Ezzo'ddin*, qui
» cognomen الواعظ, sive *Oratoris*, adeptus est.
» Argumentum persimile est Couleii libro,
» quem *Sylvas* nominat ; sed non flores
» solùm atque herbæ, verùm aves etiam,
» præterea apis, aranea, bombyx et zephy-

Au lieu de répéter ici des éloges que chaque jour le monde savant s'empresse de vous donner, je crois qu'il me sied mieux de m'exprimer par ce langage muet, plus éloquent mille fois, selon Azz-eddin, que les plus beaux discours; j'aurais d'ailleurs épuisé, à vous louer, toutes les ressources de l'éloquence, que je n'en serais pas moins réduit à finir par ces mots de Saadi :

ما هچنان در اول وصف تو مانده ایم

" Après mon long discours, je suis à peine
,, au commencement de votre éloge. ,,

Je suis avec un profond respect,

Monsieur le Baron,

Votre très-humble et très-obéissant
Serviteur et Élève,

J. H. GARCIN.

AVANT-PROPOS.

I. Les allégories que je publie étaient inédites. Hagi-Khalfa, dans sa *Bibliographie* (كتاب كشف الظنون عن اسامى الكتب والعنون), et, probablement d'après lui, d'Herbelot, dans sa *Bibliothèque orientale*, se contentent d'en donner le titre sans aucun autre détail ; mais le célèbre William Jones s'exprime ainsi au sujet de cet ouvrage, dans ses *Poeseos asiaticæ Commentarii, p. 447, édit. or. :* « Inter opera
» rhetorica numerari potest libellus, qui ap-
» pellatur hoc كشف الاسرار فى حكم الطيور والازهار
» est, *Arcanorum patefactio de avium et florum*
» *proprietatibus*. Auctor fuit *Ezzo'ddin*, qui
» cognomen الواعظ, sive *Oratoris*, adeptus est.
» Argumentum persimile est Couleii libro,
» quem *Sylvas* nominat ; sed non flores
» solùm atque herbæ, verùm aves etiam,
» prætereà apis, aranea, bombyx et zephy-

» rus etiam, in hoc opusculo loquentes in-
» ducuntur, ac de suis virtutibus venustis-
» simè disserentes. Est profectò libellus cùm
» pulcherrimarum imaginum copiâ, tum
» orationis nitore ac venustate absolutissi-
» mus. »

Ainsi que l'observe l'orientaliste anglais, l'auteur ne s'est pas borné à mettre en scène des fleurs et des oiseaux, ce que le titre semble annoncer, mais il y fait paraître des insectes, des quadrupèdes, la nue et la bougie même. Du reste, il y a quelques différences entre les titres des manuscrits, comme je l'indiquerai plus bas.

Azz-eddin commence par établir qu'il n'est rien dans la nature qui ne soit doué de la faculté de se faire entendre d'une manière sensible ou intellectuelle. A l'homme seul est réservé l'usage de la parole; mais les autres créatures animées ou inanimées semblent aussi s'exprimer dans un langage figuré, dont leur manière d'être, leurs propriétés, leurs habitudes donnent l'intelligence. L'auteur nomme cette sorte de langage لسان الحال (*), *langue de l'état* ou *de la situation*; ce que l'on peut rendre par *langage muet.*

Partant de cette idée, il se suppose au milieu d'un jardin : là, occupé à étudier les

---

(*) Rien n'est si commun, chez les écrivains arabes, que ce لسان الحال. On trouve dans la *Vie de Timur,* par Ahmed ben-Arabschah, édit. de Manger, *t. II, p. 908,* un passage qui explique parfaitement ce que les Arabes entendent par cette expression. Il y est dit qu'un des soldats de Tamerlan avait pris une vache, sur laquelle il avait mis tout ce dont il s'était emparé, et qu'après deux ou trois jours de marche, cette vache, épuisée de fatigue, sembla dire, par le langage muet de sa situation, qu'elle n'avait pas été créée pour cet usage : ونادت بلسان حالها انها ما لهذا خلقت Nos langues d'Europe, quoique bien plus sobres de métaphores que les langues de l'Orient, mais cependant fertiles en figures, sur-tout dans la conversation, peuvent même nous fournir des exemples qui feront comprendre le sens de cette expression. Nous disons, par exemple : « Ce gazon invite » à se reposer, ce fauteuil vous attend, » &c. : voilà ce qu'en arabe on appelle *langage de l'état;* en effet, c'est comme si l'on disait : « Ce gazon semble, par sa » manière d'être, vous dire, reposez-vous ; ce fauteuil » semble par sa propriété vous dire, je vous attends, &c. »

discours emblématiques des objets que la nature offre à nos sens, il s'applique à les interpréter, et son livre développe tout ce qu'une imagination orientale peut découvrir dans ce langage mystérieux.

Azz-eddin, dans sa préface, expose son plan à-peu-près comme je viens de le faire; toutefois il ne s'exprime pas avec la précision que l'on attendrait d'un Européen : d'après les expressions dont il se sert, la dernière partie de son discours préliminaire semblerait devoir en être la première.

Il est évident que, dans ces allégories, l'intention de l'auteur est de tirer, de ce langage muet de la nature, des idées non-seulement morales et religieuses, mais encore spirituelles et mystiques; idées qui sont bien plus naturelles qu'on ne le pense communément. En effet, « ne trouvant rien ici-bas qui lui
» suffise, l'ame avide cherche ailleurs de quoi
» la remplir : en s'élevant à la source du sen-
» timent et de l'être, elle y perd sa séche-
» resse et sa langueur; elle y renaît, elle s'y

» ranime, elle y trouve un nouveau ressort,
» elle y puise une nouvelle vie, elle y prend
» une autre existence qui ne tient point aux
» passions du corps; ou plutôt, elle n'est plus
» en elle-même, elle est toute dans l'être im-
» mense qu'elle contemple, et, dégagée un
» moment de ses entraves, elle se console
» d'y rentrer par cet essai d'un état plus
» sublime, qu'elle espère être un jour le
» sien. » (J. J. Rousseau, *Nouvelle Héloïse*,
t. IV, l. 19.)

Toutefois, pour enduire de miel les bords de la coupe amère de la morale et de la piété, l'auteur a suivi une marche progressive dans son ouvrage; aussi ses premières allégories sont-elles bien plus gracieuses et bien moins mystiques que les suivantes.

..Veluti pueris absinthia tetra medentes
Cùm dare conantur, priùs oras pocula circùm
Contingunt mellis dulci flavoque liquore,
Ut puerorum ætas improvida ludificetur
Labrorum tenùs, intereà perpotet amarum
Absinthi laticem, deceptaque non capiatur,

Sed potiùs tali facto recreata valescat (*).

LUCRÈCE, *de Rer. nat. I, 935—41.*

Le voile du mystère, d'abord épais, s'éclaircit peu à peu, et se soulève même quelquefois; enfin il tombe entièrement, et le nom de Dieu vient, dans la dernière allégorie, expliquer toutes les énigmes.

La mysticité qui règne constamment dans cet ouvrage n'est pas toujours fort intelligible : mais ce qui la rend sur-tout difficile à comprendre (comme dans tous les livres des auteurs mystiques orientaux), c'est l'emploi d'un grand nombre de mots détournés de leur signification propre, et adaptés au langage spirituel. Quoique je me sois attaché à donner, dans mes notes, l'explication

---

(*) Le Tasse a imité ainsi ce passage :

Così all' egro fanciul porgiamo aspersi
Di soave licor gli orli del vaso :
Succhi amari ingannato intanto ei beve,
E dall' inganno suo vita riceve.

Jér. dél. I, 3.

de tout ce qui offre quelque difficulté, je vais cependant présenter ici une idée du mysticisme oriental, pour l'intelligence de l'ensemble de l'ouvrage.

Le mysticisme ou spiritualisme oriental, connu sous le nom de *doctrine des sofis* [صوفي] se nomme en arabe معرفة الله *la connaissance de Dieu*. Il se divise en divers degrés (voyez le *Pend-namèh* de M. de Sacy, *p. 167 et suiv.* et *a Treatise on Sufiism, or Mahomedan mysticism*, dans le recueil intitulé *Transactions of the literary Society of Bombay, p. 94 et suiv.*); mais il suffit de savoir qu'il consiste, en général, à se détacher totalement du *moi* humain, à ne desirer que Dieu, à ne respirer que pour Dieu, à n'aspirer qu'à jouir d'un état parfait d'intuition surnaturel et extatique; et qu'il va quelquefois jusqu'à se mettre non-seulement au-dessus des préceptes positifs de la religion, mais encore à être indifférent à la foi et à l'incrédulité, et à oublier le monde présent et le futur. Voici deux vers de Hafiz à l'appui de ce que je dis:

[xiv]

من که سر در نیاورم بدو کون
کردم زیر بار منّت اوست

« Moi qui ne daigne pas baisser la tête
» vers l'un ou l'autre monde, je plie le cou
» sous le fardeau du desir qui m'oppresse
» d'obtenir ses faveurs (de Dieu). » *Pend-
namèh; p. 94 et 95.*

ملاح وتوبه وتقوی مجوی هیچ از ما
زرند عاشق مجنون کسی نیافت فلاح

« Ne nous demandez ni vertu, ni péni-
» tence, ni piété: la vertu ne fut jamais le
» partage d'un libertin que l'amour (de Dieu)
» agite de ses transports les plus furieux. »
Pend-namèh, p. 286; et voyez *p. 93 et suiv.,
153 et suiv., 168 et suiv., 182—83, 231 et suiv.*

Une autre observation très-essentielle à faire, c'est que les auteurs mystiques parlent toujours de la divinité sous les traits d'une beauté humaine. Les Arabes emploient communément le mot حبیب, et les Persans, le mot دوست pour désigner la Divinité. Il est bien rare que les sofis nomment cette amie par son véritable nom; leurs poésies sont le plus souvent voluptueuses, quelquefois même trop libres, et l'on aurait de la peine à les distinguer des autres poésies, si quelques mots n'échappaient çà et là à ces fervens adorateurs de Dieu.

Azz-eddin Elmocaddessi ne tombe pas dans les excès où bien des quiétistes Persans, Hafiz sur-tout, sont tombés. Il règne, à la vérité, dans son livre, un ton mystique; mais ce ton même étant modéré, donne à l'ouvrage une teinte douce et sentimentale qui ne laisse pas d'avoir des attraits pour un lecteur sensible.

Il n'est pas inutile de remarquer que, dans ces allégories, les vers ne se lient presque jamais avec la prose, et qu'ils sont ordinairement placés dans la bouche de l'auteur, quoiqu'ils viennent après le discours de la fleur ou de l'animal mis en scène, et qu'ils semblent souvent, sous certains rapports, être une suite de ce discours. Dans un des manuscrits, l'auteur place toujours, avant les vers, les mots وقلت فى ذلك شعرًا, ce qui est une preuve de ce que j'avance. Il n'est pas rare que les vers n'aient même aucune analogie avec ce qui précède.

Je crains que le jugement qu'on portera de l'ouvrage d'Azz-eddin, ne soit pas très-favorable, si on l'établit d'après les règles sévères de notre goût; mais si on se laisse diriger par le goût asiatique, ce qui paraît des défauts deviendra des beautés réelles, et ce qui semble bizarre ne sera plus que des jeux d'esprit. Toutefois, j'ose dire qu'en jugeant même cet ouvrage conformément au goût européen, on ne peut disconvenir que le style n'en soit facile et élégant, qu'il n'y ait de l'esprit, des idées heureuses, des expressions vraiment poétiques et souvent un agréable parallélisme de pensées et de mots (*); mais,

---

(*) On peut voir dans le fragment des *Poeseos asiat. Comm.*, cité ci-devant, que W. Jones, à la vérité un peu enthousiaste quelquefois, n'hésite pas à considérer cet ouvrage comme parfait, tant, à cause du grand nombre de belles figures qui s'y trouvent, qu'à cause de l'élégance et de la grâce du style.

[xvij]

d'un autre côté, on ne saurait se dissimuler qu'il n'y ait en général trop de vague, et quelquefois de l'obscurité et peu de liaison dans les idées.

L'épigraphe ne se lit que dans le ms. A: elle est très-probablement d'un copiste, ce que paraît indiquer le mot لكاتبه.

II. JE n'ai que peu de choses à dire sur l'auteur de ces allégories. Son véritable nom [عَلَم] est inconnu (*); car Azz-eddin n'est qu'un *titre honorifique* [لقب], et ابن عبد السلام بن احمد بن غانم ne sont que des *surnoms* [كنية]. Quant à l'adjectif relatif المقدسى Elmocaddessi (formé de المقدس, sous-entendu بيت, *Jérusalem*), il signifie *de Jérusalem*, ce qui indique qu'Azz-eddin était natif ou originaire de cette ville ou du territoire, ou qu'il y habitait.

Hagi-Khalfa, comme je l'ai déjà fait obser-

(*) Cependant Abou'lmahassen le nomme عبد السلام ; mais je crains que ce ne soit une faute du copiste, qui aura oublié de faire précéder ce mot de ابن

ver, ne dit rien de cet auteur. Abou'lmahassen, dans son *Dict. des hommes célèbres,* intitulé المنهل الصافي والمستوفى بعد الوافي (*mss. ar. de la Bibl. du Roi, n.*^os *747 et suiv.*), se contente de dire qu'Azz-eddin faisait les fonctions d'iman et de vaez (*), qu'il était érudit et éloquent, qu'il imitait le style d'Ebn-Elgiouzi, et qu'on l'écoutait avec plaisir; qu'il pérora un jour devant la *Caaba*, en présence d'une foule de grands et de savans; qu'il s'en acquitta parfaitement bien, et que des gens instruits prirent copie exacte de son discours; que sa mort arriva un mercredi 18 scheval 678 de l'hégire [21 février 1280 de J. C.], et fut occasionnée par une chute qu'il fit d'un lieu élevé.

(*) Aucun des manuscrits dont je me suis servi ne porte le titre de Vaez [واعظ,] qu'Abou'lmahassen et W. Jones donnent à Azz-eddin : du reste ce mot signifie *prédicateur;* et l'on désigne ordinairement par ce nom la personne obligée de prêcher, chaque vendredi, après l'office solennel de midi. Voyez Mouradgea d'Ohsson, *Tabl. de l'Empire ottoman, t. II, p. 369.*

Soyouti, dans son ouvrage sur l'Égypte, intitulé كتاب حسن المحاضرة فى اخبار مصر والقاهرة (*man. ar. de la Bibl. du Roi, n.° 791*), parle très au long d'un شيخ عز الدين بن عبد السلام né en 577 ou 78 de l'hégire [1181-83 de J. C.], et mort le 10 de gioumada 1.er, 660 de l'hégire [2 avril 1262 de J. C.]; mais j'ai peine à croire que ce soit notre Azz-eddin, attendu qu'on ne trouve point dans Soyouti le كنية Ebn-Ganem, ni le نسبة Elmocaddessi, et que l'époque de la mort n'est pas la même. Makrizi, dans السلوك لمعرفة دولة الملوك (*man. ar. de la Bibl. du Roi, n.° 672*), parle aussi d'un شيخ عز الدين بن عبد السلام ; je pense que c'est le même dont Soyouti fait mention.

Outre les allégories que je publie (*), on connaît encore d'Azz-eddin les ouvrages suivans, qui sont tous mystiques ou ascétiques: كتاب كشف الاسرار ومناقب الابرار ومحاسن الاخيار *Liber de detegendis mysteriis virtutibusque sanc-*

(*) Il paraît que les exemplaires du كشف الاسرار sont

torum, ac præclaris dotibus optimorum (Bibl. Bodleianæ man. Or. &c. catal. à J. Uri conf. p. 183). طرق الوسائل وتملق الوسائل *Via ad Deum accedendi, cum eo se conjungendi, atque ab eo benignam pollicitationem repetendi* (Biblioth. Ar. Hisp. Escurial. de Casiri, t. Ier, p. 221). كتاب تفليس ابليس *Diaboli confutatio* (ibid. p. 227). كتاب الروض الانيق فى الوعظ *Pulcher Hortus* (ibid. ibid.). كتاب حل الرموز ومفاتيح الكنوز *Arcanorum clavis* (ibid. p. 529). Ce dernier se trouve également indiqué dans Hagi-Khalfa.

III. Les manuscrits que j'ai consultés pour cette édition, sont au nombre de quatre.

1.° Manuscrit de format *in-18*, écrit avec soin, et vraisemblablement par un homme instruit. J'ai suivi presque constamment ce manuscrit.

2.° Manuscrit de format très-petit *in-4.°*

---

rares en Europe: je n'ai trouvé son indication que dans le *Catalogue des Manuscrits de la Bibliothèque Bodleyenne*, par J. Uri, p. 184.

ou *in-8.°* Ce manuscrit n'est pas tout écrit de la même main ; le premier quart est d'une autre écriture que le restant du volume. Cette première partie est bonne, et vaut au moins la partie correspondante du ms. *in-18* ; aussi m'en suis-je servi utilement quelquefois : mais quant au reste du volume, il est plein d'interpolations de mauvais goût, et ne m'a été de presque aucune utilité.

Ces deux manuscrits appartiennent à M. Varsy, de Marseille, négociant, ancien vice-consul à Rosette, qui possède une collection assez considérable de manuscrits arabes. Ce modeste et savant orientaliste a bien voulu me communiquer de la manière la plus obligeante ces deux manuscrits, avant que j'eusse connaissance des deux autres que j'ai eus depuis à ma disposition, et m'engager lui-même, on ne peut plus amicalement, d'en donner une édition.

3.° Manuscrit arabe de la Bibliothèque du Roi, apporté par Petis de la Croix, coté 966. Ce manuscrit, de format très-petit *in-4.°*

ou *in-8.º*, est presque illisible, à cause de l'extrême négligence avec laquelle il est écrit. Il y avait une lacune au commencement, qui a été réparée, avec aussi peu de soin, par une main européenne. Je n'ai tiré presque aucun secours de ce manuscrit, qui est rempli d'omissions et de fautes graves.

4.º Manuscrit de format très-petit *in-4.º* ou *in-8.º* Ce manuscrit, qui m'appartient, est, après le manuscrit *in-18* de M. Varsy, celui qui vaut le mieux; mais la rédaction en est presque toujours beaucoup plus longue que celle des trois autres, sur-tout dans les dernières allégories, où l'on reconnaît des interpolations manifestes. J'ai donné ces additions dans mes notes, seulement lorsque j'ai cru qu'elles pourraient intéresser le lecteur; du reste, ce manuscrit m'a servi assez utilement.

Ces quatre mss. ne contiennent ni voyelles ni gloses. Je désignerai le premier par la lettre A, le second par la lettre B, le troisième par la lettre C, et le quatrième par la lettre D.

Outre les différences que l'on remarque dans la rédaction de ces mss., on en voit également quelques légères dans le titre. Au lieu de عن حكم &c., qui est la leçon du ms. A, le ms. B porte عن اشارات الازهار والطيور والحيوان, le ms. C, فى الطيور &c. simplement, et le ms. D حكم فى &c.

Je dois faire observer ici que les vers qui accompagnent plusieurs des dernières allégories, sont tout différens dans les quatre mss., ce qui semble indiquer qu'ils n'appartiennent pas à l'auteur, mais qu'ils ont été ajoutés par les copistes.

IV. TRADUIRE à la lettre un écrivain arabe, c'est s'exposer à écrire de l'arabe en mots français et à ne pas être entendu; traduire trop librement, c'est risquer d'être à côté du sens de l'auteur, de dénaturer ses idées, et de ne point faire connaître la hardiesse des métaphores et l'exagération du style oriental. J'ai tâché de tenir, dans ma traduction, une route intermédiaire. Quand je me suis un peu trop éloigné du mot à mot, j'ai ordinairement donné l'interprétation littérale dans mes notes ; quand j'ai omis quelque chose, j'en ai le plus souvent averti ; quand j'ai déplacé des phrases, j'en ai presque toujours prévenu le lecteur. Mais, pour ne pas multiplier inutilement les notes, je me suis dispensé de ces détails, lorsque j'ai cru pouvoir le faire sans inconvénient. Dans les passages où l'auteur, entraîné par le parallélisme des expressions, a sacrifié la clarté et la justesse de la pensée à une rime ou à une antithèse, j'ai été forcé d'adopter le sens qui m'a paru le plus plausible : les orientalistes savent combien il est alors difficile d'être certain de celui qu'a en vue l'auteur.

Je n'ai mis dans les notes que les explications qui m'ont paru nécessaires à l'intelligence du texte et de la traduction. Si j'avais voulu m'étendre sur tous les mots peu usités, sur toutes les expressions énigmatiques et figurées, sur toutes les tournures hardies, enfin sur la couleur mystique qui règne par-tout dans cet ouvrage, mes notes seraient devenues un commentaire perpétuel, et j'aurais outrepassé les bornes que l'on s'impose pour l'ordinaire dans ce genre de travail. Par la même raison, je n'ai fait que les citations que j'ai crues véritablement utiles (*).

J'ai puisé dans le Seïd Jorjani, *Kitab Tarifat,* les définitions des termes mystiques, et dans le commentateur Beïdhawi, des développemens sur différens textes du Coran, ou sur des allusions à des passages de ce livre. J'ai eu ainsi l'occasion de citer de ces deux auteurs plusieurs fragmens qui étaient inédits. Motarrézi, Meïdani &c. m'ont encore fourni quelques autres morceaux qui paraissent aussi pour la première fois.

(*) Rien n'eût été plus facile, dans un livre de ce genre, que de mettre à profit le conseil de l'ami de Cervantes : « No hay mas sino hacer de manera que vengan » á pelo algunas sentencias, ó latines, que vos sepais de » memoria, ó á lo ménos que os cuesten poco trabajo » el buscallos, &c. » Sans parler des écrivains orientaux, les ouvrages d'une multitude d'auteurs anciens et modernes eussent été pour moi des sources inépuisables de citations.

Dans les endroits obscurs, je me suis fait une loi de donner les variantes; dans le restant de l'ouvrage, j'en ai peu donné, par une raison toute simple : c'est que, les mss. orientaux s'accordant rarement entre eux, ce travail, d'ailleurs peu utile, aurait également trop alongé les notes.

J'ai suivi à la rime l'orthographe que mes manuscrits, et tous les manuscrits en général, observent dans ce cas; laquelle consiste à retrancher les points du ة [تاء مربوطة] et à substituer, dans les adjectifs verbaux défectueux, le ى à la nunnation du *kesra*, exigée par les règles de permutation.

Comme j'ai donné la traduction de ces allégories, j'ai cru pouvoir me dispenser de mettre des voyelles et des signes orthographiques au texte arabe: aussi n'en verra-t-on que lorsque cette omission aurait pu jeter du louche.

Sur plusieurs objets d'histoire naturelle descriptive, j'ai eu recours à l'extrême obligeance de M. le Baron Alexandre de Humboldt, qui veut bien m'honorer d'une amitié particulière. Cet illustre savant, pour exécuter plus facilement le plan de son voyage en Asie, se livre avec ardeur, et avec le succès qui couronne toutes ses entreprises, à l'étude des langues orientales : aussi doit-on ajouter le titre d'orientaliste à ceux que lui donne l'universalité de ses connaissances. Je dois à ce célèbre voyageur, et à deux de ses doctes collaborateurs, M. Kunth, correspondant de l'Académie des sciences et professeur de botanique à Berlin, et M. Valenciennes, aide-naturaliste au Muséum du jardin du Roi, des notes intéressantes que j'ai refondues dans les miennes, et qui ne peuvent manquer d'y répandre un intérêt scientifique.

Je présente cet essai de mes travaux sous les auspices de M. le Baron Silvestre de Sacy, qui a la bonté de m'accorder une affectueuse bienveillance, et qui m'a permis de recourir, dans les passages les plus épineux, à la mine également inépuisable de sa complaisance et

de son savoir. « Lorsque quelque chose vous
» paraît embrouillé, dit un poëte arabe,
» consultez un homme habile, et suivez
» avec docilité ses avis. »

وان باب امر عليك النوى فشاور لبيبا ولا تعصيه

Paris, ce 2 avril 1821.

PRÉFACE

D'AZZ-EDDIN ELMOCADDESSI.

AU NOM DU DIEU CLÉMENT ET MISÉRICORDIEUX.

Louanges à Dieu, dont l'éloignement est proximité, dont la proximité est éloignement; dont la grandeur ne saurait se décrire, ni en style léger, ni en style sérieux; dont la sainteté sublime est au-delà de toutes bornes et de tout calcul. Louanges à Dieu, qui a tiré le Monde du néant; qui a déposé dans chaque être des vues de sagesse qui prouvent l'existence d'un créateur; et qui a doué l'homme de raison pour juger entre les choses contraires. C'est par l'inspiration de ce Dieu tout-puissant que l'homme a acquis les connaissances qu'il possède, et qu'il a su distinguer le vrai du faux, la certitude de l'erreur.

Celui qui, dirigé et soutenu par des intentions droites et pures, se livrera à des réflexions sérieuses, ne tardera pas à comprendre que toutes les créatures sont dans les mains de la Providence, qui, ainsi qu'elle condamne les unes au malheur, accorde le bonheur aux autres, et les comble de ses bienfaits et de ses dons les plus précieux, sans que personne puisse arrêter l'effet de la miséricorde de Dieu, ni donner ce qu'il refuse.

Si l'œil de ton intelligence était dégagé de toute matière hétérogène ; si rien ne souillait le miroir de ta conscience, et si tu prêtais l'oreille de l'attention, chaque être saurait t'apprendre ce qui manque à ses desirs, et la peine qu'il endure de cette privation cruelle. Écoute le zéphyr qui murmure dans le feuillage, sur les pleurs des nuées dont les mouvemens semblent imiter le flux et le reflux de la mer, et qui gémit sur le doux sourire de l'éclair que suit l'éclat de rire de la foudre. Considère ensuite le printemps : il vient te réjouir par l'heureuse arrivée de ses roses ; il vient t'annoncer que la rigueur du froid, qui l'avait précédé, est passée. Il s'avance vers toi : le sombre hiver se retire, et un manteau diapré vient revêtir la nudité des champs. Le saule d'Égypte se plaint à toi du balancement de ses rameaux : la marguerite semble te présenter l'armée des fleurs, où règne la plus agréable variété, et qui agitent devant toi leurs étendards empreints de leur bonheur: le narcisse se lève sur sa tige, comme pour faire sa prière: l'anémone paraît avec sa robe déchirée; elle frappe ses joues de rose, comme si elle avait perdu quelqu'un qui lui fût cher; le grenadier t'exprime ce que lui fait souffrir l'excès du feu ardent qu'ont allumé en lui les cruels dédains et l'éloignement de son amie: le rossignol, sur le rameau qui le balance, module de tendres accens; on croirait qu'il flatte les cordes d'une lyre. L'amant, en proie à la mélancolie de l'amour, n'est plus maître de sa passion, et il confie au zéphyr le nom adoré qu'il tenait caché avec tant de soin: troublé par l'odeur suave qui vient de Najd, séjour de sa maîtresse, il erre ivre de plaisir dans les lieux solitaires, asiles de ses tête-à-tête, et va se réfugier auprès de cette beauté divine, qui connaît ce qu'il exprime de son amour et ce qu'il cache dans son cœur.

Le contemplatif, pénétré de reconnaissance pour les faveurs abondantes qu'il a reçues, s'étudie à creuser la mine de la sagesse, ne veut du lait que la crême la plus pure, et n'ignore pas que Dieu n'a créé aucun être pour l'abandonner dans un état d'inutilité. Chaque créature occupe en effet le rang qu'elle doit tenir; elle ne s'écarte jamais de la route qui lui a été tracée, et elle confesse la vérité des promesses et des menaces de Dieu: il n'est rien, enfin, qui ne paie au Très-haut un tribut de louanges. J'unis mes faibles accens à ce concert unanime des êtres, et je prie ce Dieu tout-puissant de seconder mes efforts et d'inspirer mon génie. Je bénis et salue son Prophète, à qui il a accordé une révélation, pour faire éclater sa gloire, et qu'il a conduit au travers des sphères célestes, dans le célèbre voyage nocturne. Puissent la miséricorde et la faveur de Dieu reposer à jamais sur cet envoyé, sur ses compagnons et sur sa race!

Rempli des pensées que je viens d'exprimer, j'ai jeté sur l'univers le regard de la plus sévère attention, et, éclairé du flambeau du discernement et du secours divin, j'ai vu que tous les êtres publient l'existence du Créateur, et que ceux qui ne peuvent exprimer leurs sentimens par l'organe de la parole, prennent un langage muet pour leur servir d'interprète. J'ai donc examiné scrupuleusement les allusions que présentent les objets de la nature, j'ai approfondi les allégories qu'ils nous offrent, et je me suis convaincu que tout est réellement doué de la faculté de se faire entendre, ou d'une manière sensible, ou d'une manière intellectuelle: bien plus, j'ai reconnu que le langage muet est plus éloquent que la parole, et plus essentiellement vrai que quelque discours que ce puisse être. En effet, quand quelqu'un a parlé, on peut convenir de la justesse de ses observations, ou démentir ce qu'il a dit; au lieu que le langage emblématique repose sur la vérité et sur la certitude. Mais aussi l'être qui s'exprime de cette manière figurée, ne s'adresse-t-il qu'à ceux qui ont des affections toutes surnaturelles, tandis que celui qui communique sa pensée à l'aide de la parole, s'adresse à ceux qui sont dans l'état ordinaire et commun.

J'ai composé mon ouvrage pour expliquer les différentes allégories que les animaux, les végétaux, et même les corps inorganiques, ont offertes à mes méditations : je redirai aussi ce que le merle solitaire m'a raconté, au sujet de son repos et de ses courses dans les champs. Puissent, dans cet écrit, les gens sensés et dociles trouver d'utiles leçons; les gens profonds et réfléchis, le souvenir de leurs devoirs; tous enfin, des instructions salutaires! Celui qui entrera dans l'esprit de mes sentences et qui comprendra mes paraboles, lira mon livre avec plaisir; mais celui qui les trouvera étranges, ne saurait le goûter.

Je ne sais quelle pensée m'engagea un jour à aller contempler ce que les mains de l'Éternel ont produit, et ce que la Sagesse divine, qui atteint toujours le but qu'elle se propose, a créé dans une vue d'utilité. Je me rendis, à cet effet, dans un jardin spacieux: un tendre gazon, que courbait l'haleine frémissante du zéphyr, en formait le tapis; des odeurs balsamiques s'exhalaient du calice des fleurs; les cimes touffues des arbres s'agitaient en murmurant; les rameaux se balançaient au souffle du vent printanier; le rossignol gazouillait tendrement, soupirait des airs, balbutiait ses amours. Ici un ruisseau sillonnait la prairie, là une cascade se précipitait irrégulièrement; plus loin, des fleurs fraîches et brillantes émaillaient la pelouse veloutée; de toutes parts enfin, la vue se reposait sur des sites pittoresques et variés. Je me dis à cet aspect: Peut-il y avoir un séjour plus délicieux et une solitude plus agréable! Ah! que n'ai-je un compagnon sincère et affectionné, avec qui je puisse m'entretenir familièrement! Mais tout-à-coup je crus distinguer ces paroles dans le langage muet et énigmatique de la nature: Peux-tu trouver un ami meilleur que moi, et espères-tu entendre des réponses plus éloquentes que les miennes! Il n'y a rien de ce qui est en ta présence qui ne s'exprime dans un langage figuré, rien dont la situation et la manière d'être n'annoncent la fin prochaine. Applique-toi donc à comprendre cette voix allégorique, si tu es capable de l'entendre.

VERS.

Vois le zéphyr du matin, dont le souffle exhale des émanations balsamiques qui s'élèvent dans l'atmosphère. Tantôt, comme l'amant qui a perdu l'objet de sa passion, il fait entendre des sons tristes et plaintifs; tantôt, comme celui qui retrouve une maîtresse adorée, il se charge de parfums exquis. Les nuées qui répandent leurs ondées rafraîchissantes; le roucoulement monotone de la colombe; le frémissement de la branche qui la soutient; le crépuscule de l'aube matinale; la camomille, lorsque le nuage, chargé de l'éclair et de la foudre, vient agiter sa corolle; le printemps, qui, accompagné de la rose son interprète, amène de si doux changemens dans la nature; tout ce qui existe et qui est destiné à ton utilité, ô homme insensible aux grâces du Créateur! tout, oui tout célèbre les bienfaits de Dieu, confesse son existence, le remercie, le bénit; oui, de chaque chose, on peut tirer une preuve de son unité.

LES OISEAUX
ET
LES FLEURS.

ALLÉGORIE I.ʳᵉ

LE ZÉPHYR.

Mon attention fut d'abord réveillée par le gémissement du zéphyr, qui, voulant célébrer la langueur et la volupté de son souffle, semblait par ses soupirs emblématiques moduler ces paroles : Fidèle messager des amans, je porte sur mes ailes les soupirs brûlans de celui qu'agite la maladie de l'amour, à l'objet qui peut seul remédier à ses maux. Je transmets avec exactitude les secrets que l'on me confie, et je redis les nouvelles telles que je les ai entendues. Si je rencontre un voyageur, mon haleine devient plus douce ; ce ne sont que cajoleries, que badinages, que jeux familiers. Je règle cependant ma conduite sur la sienne : s'il est bon, je le caresse d'un souffle voluptueux ; est-il méchant, au contraire, je le moleste de mon vent importun.

Mon haleine légère et odorante donne la santé à l'infirme, et rend paisible et agréable le sommeil du midi. Si mon frémissement agite le feuillage, celui qui aime ne peut retenir ses soupirs; et il dit sa peine à l'oreille de sa maîtresse, si mon murmure se fait entendre. La douceur et la mollesse composent mon essence: celui qui jouit des faveurs de Dieu, est le seul qui sache m'apprécier.

N'est-ce pas à mon souffle vivifiant que l'atmosphère doit la pureté dont elle jouit! Et ne t'imagine point que la mobilité que tu remarques dans ma nature soit l'effet d'un vain caprice; c'est pour ton utilité et ton avantage, que mon haleine suit les saisons dans leurs variations diverses. Au printemps, je souffle du côté du nord, je fertilise les arbres, et je rends la nuit égale au jour. Dans l'été, mon souffle, parti de l'orient, favorise le développement des fruits et donne aux arbres le degré le plus parfait de leur beauté. Dans l'automne, je souffle du côté du midi; alors tous les fruits acquièrent leur perfection, et parviennent au dernier terme de leur maturité. Dans l'hiver enfin, je souffle des régions de l'occident; et c'est ainsi que je soulage les arbres du poids de leurs fruits, et que je fais sécher les feuilles sans altérer les branches. C'est moi qui mûris les fruits, qui donne aux fleurs leur coloris brillant, aux ruisseaux leurs chaînes argentées ; c'est moi qui fais parvenir aux arbres le pollen qui les féconde ; à la maîtresse les soupirs du cœur qu'elle a enflammé ; et c'est encore mon haleine parfumée qui annonce au pélerin de l'amour qu'il approche de la tente de sa bien-aimée.

VERS.

Oh! combien est doux ce que le zéphyr est venu rapporter à mon oreille de la beauté de ce site élevé! Il s'est plu à répandre l'odeur balsamique dont il s'était chargé, et à m'enivrer de ce parfum délicieux. Lorsque les premiers soupirs de cet amour qui me consume s'échappèrent de mon sein, le zéphyr semblait les seconder de son haleine mourante. La brise fraîche et embaumée du matin aurait dû étancher la soif de ma passion; mais ayant passé, durant la nuit, auprès de ces pavillons printaniers et de ces tertres élevés, et s'étant imprégnée des émanations musquées qui se répandent de la tente de ma maîtresse, elle a rendu bien plus violent le feu de mon amour et de ma souffrance. Ivre de plaisir, je n'ai pu revenir à moi, ni rappeler mes esprits. Attentif à la voix du zéphyr, j'ai compris le secret que mes rivaux n'ont pu deviner, et j'ai entendu ce qu'ils n'ont pas entendu. J'ai su que, dans un lieu où le vin excitait à la volupté la plus pure, mon amie adorée a laissé voir l'éclat de sa beauté, sans qu'aucun voile vînt dérober ses appas, et a montré à ses amans fidèles ce visage ravissant, inaccessible pour l'ordinaire aux regards les plus avides.

ALLÉGORIE II.

LA ROSE.

Après que j'eus compris les paroles que semblait proférer le zéphyr, tandis que je cherchais à interpréter le sifflement du merle, et que je réfléchissais sur les couleurs variées des fleurs, la rose en exhalant son parfum m'annonça sa douce venue, et s'exprima ainsi dans son langage muet : Je suis l'hôte qui vient entre l'hiver et l'été, et ma visite est aussi courte que l'apparition du fantôme nocturne : hâtez-vous de jouir du court espace de ma fleuraison, et souvenez-vous que le temps est un glaive tranchant. J'ai à-la-fois et la couleur de la maîtresse, et l'habit de l'amant : j'embaume celui qui respire mon haleine ; je cause à l'innocente beauté qui me reçoit de la main de son ami une émotion inconnue. Le temps de ma durée est comme une visite que je fais aux hommes ; et celui qui espère me posséder long-temps est dans l'erreur.

Pourquoi faut-il qu'en butte à la fortune contraire qui m'abreuve d'amertume, par-tout où mon bouton s'épanouit, un cercle d'épines m'entoure et me presse de toutes parts! Les aiguillons acérés et les flèches aiguës de mes épines me blessent, et, répandant mon sang sur mes pétales, les teignent d'une couleur vermeille. Voilà ce que j'endure; et je suis cependant le plus noble des hôtes, le plus élégant des voyageurs. Mais, hélas! personne n'est à l'abri des tourmens et des peines ; et du moins celui qui saura les supporter, atteindra l'objet de ses vœux.

Brillante de fraîcheur, je suis parée du vêtement de la beauté, lorsque, tout-à-coup, la main des hommes me cueille et me fait bientôt passer du milieu des fleurs dans la prison de l'alambic : alors mon corps est liquéfié et mon cœur est brûlé; ma peau est déchirée et ma force se perd; mes larmes coulent, et personne ne les arrête, personne n'a pitié de moi. Mon corps est en proie à l'ardeur du feu, mes larmes à la submersion, et mon cœur à l'agitation. La sueur que je répands est un indice irrécusable des tourmens que le feu me fait endurer. Ceux que consume une chaleur brûlante, reçoivent de mon essence du soulagement à leurs maux, et ceux que les desirs agitent, respirent avec plaisir mon odeur musquée. Lorsque mes agrémens extérieurs quittent les hommes, mes qualités intérieures restent toujours au milieu d'eux. Les contemplatifs, qui savent tirer de ma beauté passagère une allégorie si instructive, desirent le temps où ma fleur orne les jardins, et les amans voudraient que ce temps durât toujours.

VERS.

Si je t'ai quittée corporellement, mon esprit n'est-il pas toujours auprès de toi! Fais-y réflexion, et tu ne mettras aucune différence entre ma présence et mon éloignement. Il a bien raison, celui qui me dit : On peut te comparer à la rose, qui disparaît, mais qui laisse son essence.

ALLÉGORIE III.

LE MYRTE.

A peine le myrte eut-il compris le langage muet de la rose, qu'il lui adressa ces mots dans le même langage : Déjà les nuées semblent jouer au trictrac et disséminent des perles éclatantes ; le zéphyr dit son secret ; le béhar répand ses trésors parfumés ; le printemps est fier des guirlandes qui l'embellissent ; les fleurs, ne cherchant qu'à plaire, et non contentes d'orner les jardins les plus beaux, veulent briller dans d'autres lieux ; le rossignol chante ses amours ; le bosquet, rendez-vous de l'amant, reprend son éclat printanier. Viens, ô ma compagne, divertissons-nous, et, fiers de notre beauté, saisissons les momens fugitifs de la joie, sans en laisser échapper la plus petite partie.

La rose, surprise des leçons du myrte, reprit aussitôt la parole en ces termes : Peux-tu tenir un pareil langage, toi le prince des végétaux odorans ! non, dussé-je te fâcher, ce n'est pas ainsi que tu devrais t'exprimer ; et ton conseil pernicieux te rend indigne du rang distingué que tu occupes parmi les fleurs. Qui pourra atteindre le but, si tu erres ; qui dirigera, si tu t'égares ! Tu engages tes sujets à venir jouer auprès de toi, et tu les excites à se divertir. Quoi! celui qui est à la tête des autres doit-il avoir des idées si peu saines! Mais que ta beauté ne t'enivre point, parce que tes rameaux se balancent mollement, que tes feuilles sont d'un vert harmonieux, et que ton origine est noble. Tu es l'image des jours heureux de la jeunesse, qui fuient et disparaissent avec tant de rapidité. Tels sont les instans toujours si courts que l'on passe auprès d'une amante adorée; tels sont encore ces prestiges fantastiques qui, durant la nuit, viennent assiéger l'imagination, que rien n'interrompt et qui cependant ne peuvent jamais se terminer.

Déjà, à l'aspect du printemps, les champs se couvrent d'un vêtement de verdure qu'ornent mille fleurs, dont les variétés sont aussi multipliées que celles des animaux qui peuplent la terre. De ces fleurs, les unes font le charme de l'odorat et se fanent ensuite; on tire des autres d'heureuses allusions, et on rapporte leur langage allégorique: celles-ci sont le jouet des rigueurs du sort; celles-là, privées de vie, sont étalées sur les tertres de la campagne. Parmi les végétaux, il y en a dont on mange les fruits et qui font la base de la nourriture des hommes; mais bien peu échappent aux flammes dévorantes : et cependant, si ce n'était la prédestination et la prémotion, ils seraient tous à l'abri de cette fin cruelle. Mon frère, ne te laisse point séduire par les plaisirs apparens que t'offre le caravanserai de ce monde; les lions du trépas ont la gueule béante pour te recevoir. Voilà l'avis que je crois devoir te donner. Adieu.

ALLÉGORIE IV.

LE NARCISSE.

Le narcisse, regardant alors le myrte son compagnon, lui expliqua ainsi sa pensée : Toujours auprès des fleurs, je me plais à les considérer; je m'entretiens avec elles au clair de la lune, et je suis constamment leur camarade: ma beauté me donne le premier rang parmi mes compagnes, et je suis néanmoins leur serviteur; aussi apprendrai-je à quiconque le desirera, quelles sont les obligations du service.

Je me ceins les reins de la ceinture de l'obéissance, et, toujours prêt à exécuter les ordres, je me tiens humblement debout comme l'esclave. Je ne m'assieds point avec les autres fleurs, et je ne lève pas la tête vers mon commensal; je ne suis jamais avare de mon parfum pour celui qui desire le respirer; je n'oublie jamais ce que je dois à celui qui fait usage de moi, et je ne suis jamais rebelle à la main qui me cueille. Je me désaltère à chaque instant dans mon calice, qui est pour moi comme un vêtement distingué par sa pureté; une tige d'émeraude me sert de base, et l'or et l'argent forment ma robe. Lorsque je réfléchis sur mes imperfections, je ne puis m'empêcher de baisser avec confusion les yeux vers la terre; et lorsque je médite sur ce que je dois devenir un jour, je pense au moment fixé par le destin pour le terme de mon existence. On sera peut-être étonné que je me livre ainsi à de sombres idées, dans le lieu le plus agréable : j'avoue que l'odorat peut bien avoir une juste idée de mon parfum; mais l'oreille ne pourra point entendre mes paroles allégoriques, ni l'esprit en saisir le sens. Je veux, par l'humilité de mes regards, confesser mes défauts; et si je baisse la tête, c'est pour considérer le moment cruel de ma fin.

VERS.

Lorsque le terme de ma vie arrivera, pénible instant qui me couvrira de confusion et de honte, je me leverai, les yeux humblement fixés sur la terre, à cause de mes fautes. Quand même j'aurais fait tous mes efforts et que j'aurais chassé de mes paupières le sommeil de la tiédeur, j'avouerais alors mon impuissance, et je craindrais d'être déçu dans mon espoir: à bien plus forte raison, après avoir précédemment commis des fautes graves, lorsque, au moment de mourir, je serai au nombre des repentans, quel fruit retirerai-je de ma science et de mes actions, puisque ma prunelle n'espérera plus revoir la lumière du jour! Eh bien! que dès ce moment une crainte salutaire dirige mes pas! hâtons-nous, la précipitation est inhérente à l'homme.

ALLÉGORIE V.

LE NÉNUFAR.

LE nénufar, si remarquable par sa couleur triste et par son air languissant, tint alors ce langage: Toi qui te repais de chagrins, jette le regard de l'attention sur la pâleur de ma corolle, et vois si je puis échapper aux décrets immuables du destin. Je me soumets à mon malheur; mais je ne renonce pas à l'amour. Si tu es amoureux, toi qui écoutes avec avidité mes leçons, use de ménagemens, comporte-toi avec prudence. Les jardins sont mon habitation, et les lieux aquatiques le lit de mon repos; j'aime l'eau limpide et courante, et ne m'en sépare ni le matin, ni le soir, ni l'hiver, ni l'été. Ce qui est bien plus extraordinaire, c'est que, tourmenté d'amour pour cette eau, je ne cesse de soupirer après elle, et qu'en proie à la soif brûlante du desir qu'elle m'inspire, je l'accompagne par-tout: mais as-tu jamais vu rien de pareil! être dans l'eau, et se sentir dévoré par la soif la plus ardente.

Lorsque le jour paraît, je déploie mon calice doré, et mille mains jalouses viennent fondre sur moi: au contraire, lorsque la nuit enveloppe la terre de ses ombres, l'onde m'attire vers elle; ma corolle quitte sa position et s'incline; je m'enfonce dans l'eau, qui me recouvre; je me retire dans mon nid de verdure, et je reviens à mes pensées solitaires. Mon calice, comme un œil vigilant, est submergé dans l'eau, pour contempler ce qui fait son bonheur, et les hommes irréfléchis ne savent plus où je suis. Le censeur importun ne réussira pas à m'éloigner de l'objet de ma flamme. D'ailleurs, quelque part que mes desirs me portent, je vois que l'eau est toujours à mes côtés: si je viens la prier de soulager l'ardeur qui m'enflamme, elle m'abreuve de sa douce liqueur; si je lui demande un asile, elle me reçoit avec complaisance. Mon existence est liée à la sienne, et la durée de ma fleur dépend du séjour qu'elle fait auprès de moi. Enfin, c'est par l'eau seule que je puis acquérir le dernier degré de la perfection ; c'est à ses seules qualités que je dois les propriétés dont je suis pourvue. On ne me verra jamais sans cet objet adoré, car sans lui je ne pourrais exister en aucune manière.

VERS.

L'amour a couvert mon corps du vêtement décoloré de la langueur ; troublé par la passion qui l'agite, mon esprit s'abandonne au plus noir chagrin. Lorsque l'amour décoche son trait, il semble que c'est moi qu'il veuille frapper de préférence à tout autre. La beauté cruelle que j'adore feint de venir auprès de moi, et elle excite dans mon sein un amour qui l'agite et le brise. Je ne vis que pour elle, et je veux mourir pour elle ; oui, l'amour lui-même me préparera cette mort glorieuse. Il me dit : Ne rêve qu'amour, si tu veux jouir du bonheur que je promets. Je défends, par la pointe des lances, l'approche de ce divin objet : ce n'est qu'auprès de mes piques rembrunies que tu trouveras les douceurs que j'accorde. Ne t'afflige donc point de la blessure cuisante des flèches, ni de l'amertume de la peine ; le bonheur en est le résultat. Imite ces amans fidèles qui sont morts d'amour pour leur divine maîtresse, mais qui ont obtenu l'objet de leurs desirs. Quand, après avoir traversé la mer Rouge, les enfans d'Israël, épuisés de fatigue, entendirent sur le mont Sinaï ces douces paroles, « Je suis celui qui suis, » ils ne regrettèrent point leurs peines et leurs travaux.

ALLÉGORIE VI.

LE SAULE D'ÉGYPTE.

Lorsque les arbres eurent vu que le saule était le seul d'entre eux dont les rameaux flexibles se balançassent sans cesse, ils critiquèrent la mollesse de ses mouvemens, et censurèrent sa fierté et sa complaisance pour lui-même. Alors le saule agita de nouveau ses rameaux légers, et s'exprima ainsi dans son langage muet: A-t-on quelque chose à me reprocher ! pourrait-on blâmer le tremblement de mon feuillage et l'agitation de mes branches? C'est pour moi que la terre déroule ses tapis nuancés, que les prés déploient toute leur parure, et que l'haleine du zéphyr matinal répand ses douces émanations. Lorsque je m'aperçois que les végétaux sont sur le point de ressusciter, que la terre s'agite et se ranime, que la trompette de la promesse que Dieu m'a faite sonne, que l'accomplissement de cette promesse abroge la menace dont j'avais été l'objet, et que mes fleurs vont s'épanouir ; quand, d'un autre côté, je vois que déjà la rose a paru, que les frimas se sont retirés, que les fleurs brillent des plus vives couleurs, que le grain commence à se former, que déjà le rameau dépouillé se couvre de feuilles, que les différens végétaux destinés aux mets et aux boissons de l'homme s'unissent pour lui fournir la substance qui le fait vivre, je m'élève alors à la connaissance du créateur et du maître de toutes ces choses, et je reconnais qu'il est unique, éternel, tout-puissant ; qu'il n'a besoin de personne, et que personne ne peut se passer de lui, bien loin de partager son empire ; qu'il n'a point engendré et n'a pas été engendré, et qu'aucun être enfin n'est semblable à lui. C'est par ces considérations que ma cime élevée s'agite pour se réjouir de la vision intuitive qui fait mes délices, et que les rossignols de mon bonheur gazouillent sur mes rameaux tremblans. Ensuite, par un effet de la grâce de Dieu, objet de mon culte, je pense au néant de mon être ; et, de crainte de manquer mon but, je me tourne vers la rose, je lui annonce ma venue, et, tandis que mes fleurs lui forment en tombant comme une robe élégante, je lui demande quel est l'objet de mon existence. Nous nous ressemblons parfaitement en tout, me répond-elle : si tes rameaux paraissent s'incliner pour prier le Très-haut, on dirait que les miens se prosternent pour l'adorer; si ta beauté consiste dans le vert de ton feuillage, la mienne consiste dans l'incarnat de mes joues. Mon frère, n'attendons pas le feu éternel qui doit nous consumer; jetons-nous nous-mêmes dans les flammes, pour nous offrir en holocauste.

Si tel est ton desir, lui répliqué-je, et si tu consens à périr, je ne m'y oppose point et je veux bien ne pas me séparer de toi. On nous arrache donc ensemble du milieu des fleurs nos compagnes; on nous livre à un feu ardent qui fait monter nos esprits, et qui, sans pitié, fait couler nos larmes. Nos corps périssent, mais nos ames restent; notre beauté extérieure s'évanouit, mais nos qualités intérieures demeurent : il est vrai cependant qu'il y a une grande différence entre ce que nous étions et ce que nous devenons.

VERS.

Déjà la rose était venue; elle annonçait les propriétés agréables qu'elle possède, lorsque le saule à la taille légère se tourna vers elle pour se plaindre de la violence de l'amour dont il etait épris, et s'inclina avec grâce pour respirer le parfum délicieux qu'elle exhalait. La rose, partageant sa douleur, lui dit : Amis intimes, en proie à la même ardeur, nous ne faisons qu'un et nos qualités sont les mêmes. Combien de fois n'avons-nous pas éprouvé les tourmens les plus violens des flammes ! Mais jamais mon compagnon n'a perdu de vue l'objet de sa passion, et jamais je n'ai oublié l'objet de la mienne. Combien de fois aussi des mains avides ne nous ont-elles point privés de nos rameaux encore verts ! On ne saurait comprendre à quel point la flamme cruelle tourmente nos entrailles, et dans quel brasier nos cœurs sont consumés. Le feu sépare nos esprits de nos corps, comme il a commencé par nous priver de nos forces. Nous nous plaignons tous deux des mêmes douleurs, quoique chacun nous ayons l'objet particulier de notre amour. Je le jure par celui qui de toute éternité repose sur son trône, et mon serment est véritable, il y a dans l'exposition de ma peine un sujet de réflexion pour les gens sensibles, dont le cœur est éloigné du mal : j'étais hier comme la pleine lune qui se lève, et je suis aujourd'hui comme une étoile qui disparaît.

ALLÉGORIE VII.

LA VIOLETTE.

Alors la violette soupira d'une manière plaintive, comme celui que les peines de l'absence affligent; et, dans son langage emblématique, elle m'adressa ces réflexions : Qu'il est digne d'envie, celui qui a vécu de la vie des heureux et qui est mort martyr! Pourquoi faut-il que je me fane, consumée de chagrin, et que je paraisse sous le vêtement de la maigreur et de la tristesse! Les décrets immuables du destin m'ont changée et ne m'ont laissé ni peau ni force; les vicissitudes du temps ne m'ont point permis de prolonger mon existence et m'ont fait périr impitoyablement. Qu'ils ont été courts les instans où j'ai joui d'une vie agréable, tandis qu'au contraire je suis restée si long-temps sèche et dépouillée de mes feuilles!

Aussitôt que ma corolle s'ouvre, on vient me cueillir et m'enlever de mes racines, sans me laisser le temps de parvenir au terme de ma croissance; et il ne manque pas de gens qui, abusant de ma faiblesse, me traitent avec violence, sans que mes agrémens, ma beauté et ma fraîcheur puissent les arrêter. Je cause du plaisir à ceux qui sont auprès de moi, et je plais à ceux qui m'aperçoivent : mais à peine se passe-t-il un jour, ou même une partie d'un jour, que déjà l'on ne m'estime plus, qu'on me vend au plus bas prix, après avoir fait le plus grand cas de moi, et qu'on finit par me trouver des défauts, après m'avoir comblée d'éloges. Le soir, par l'influence de la fortune ennemie, mes pétales se roulent et se fanent; et le matin, je suis sèche et sans beauté. C'est alors que les gens studieux et livrés aux sciences naturelles me recueillent : avec mon secours, ils dissipent les tumeurs répandues sur le corps; ils apaisent les douleurs rebelles; ils adoucissent les tempéramens secs, et ils éloignent enfin bien des maux qui attaquent l'humanité. Fraîche, je fais jouir les hommes de la douceur de mon parfum et du charme de ma fleur; sèche, je leur rends la santé. Mais ces mêmes hommes ignorent mes qualités les plus précieuses, et négligent de scruter les vues de sagesse que Dieu a déposées en moi. J'offre cependant un sujet de réflexion bien utile à celui qui, en m'étudiant, cherche à méditer et à s'instruire; car les leçons que l'on peut tirer de ma manière d'être, suffisent pour retenir celui qui n'est pas sourd à la voix de la raison. Mais, hélas! tout avertissement est inutile.

VERS.

J'ai considéré avec admiration la violette, et j'ai vu que ses fleurs, sur leurs pédoncules, ressemblent à une armée dont les voltigeurs, d'émeraude, auraient orné de saphirs leurs lances, et auraient adroitement enlevé avec ces lances les têtes de leurs ennemis.

ALLÉGORIE VIII.

LA GIROFLÉE.

Alors la giroflée, fière de son coloris, répandit son doux parfum, et sembla dire ces paroles : Pourquoi se laisser séduire par les charmes d'une vie qui nous est arrachée au moment que nous nous y attendons le moins ! Pourquoi se réjouir follement d'une existence que mille accidens ne cessent de troubler ! Si tu veux prendre une leçon instructive, considère ma tige inclinée, ma couleur qui se passe, ma vie qui finit sitôt, et le petit nombre d'instans que dure ma fraîcheur. Les révolutions du temps ont changé ma couleur première, et en ont formé trois différentes nuances qui constituent autant de variétés.

La première se présente sous le vêtement jaune du mal de l'amour; la seconde s'offre à tes regards, vêtue de la robe blanche de l'inquiétude produite par les tourmens de la séparation; la troisième enfin paraît sous un voile bleu, en signe du chagrin qui la consume. Quant à la variété blanche de ma fleur, elle n'a ni éclat, ni parfum; aussi l'odorat dédaigne-t-il sa corolle, et l'on ne vient point enlever le voile qui couvre ses appas. La raison, c'est qu'elle cache soigneusement son secret, qu'elle renferme en elle-même son parfum, et qu'elle dérobe ses trésors avec tant de soin, que ni les desirs ni les vents ne peuvent en jouir. La variété jaune, au contraire, se promettant de séduire, prend, dans ce dessein, un air de volupté et de langueur; répand le matin et le soir son odeur musquée; et à l'aurore ainsi qu'au coucher du soleil, laisse échapper son haleine odorante.

VERS.

Jamais le doux zéphyr, chargé de vapeurs parfumées, ne s'élève de la plaine où est placée ta tente adorée, sans que des larmes causées par la douleur ne coulent de mes paupières. Hélas! si ce n'était toi qui habites cet asile sacré, jamais une flèche meurtrière n'aurait percé mon sein. Tu as fait mon cœur esclave; je te l'abandonne, je rends les armes : ah! ne me tourmente point par de cruels chagrins.

———

Si, pressé par les desirs de mon amour, je confie ma peine au zéphyr, peux-tu m'en faire un reproche!

VERS.

Ne me blâme point, ô mon frère! quand je découvre la passion qui m'expose à l'ignominie. Va, l'amant qui trahit son secret n'est pas coupable; il est vaincu par la violence de son ardeur.

———

Pour ce qui est de ma variété bleue, elle comprime sa passion, elle supporte sa peine avec patience, et jamais elle n'exhale son odeur durant le jour. Tant que le soleil répand sa lumière, dit-elle, je ne manifeste point mon secret à ceux qui m'aiment, et je ne prodigue pas mon arome à ceux qui viennent le respirer; mais dès que la nuit m'a couverte de ses ombres, je décèle mes trésors à mes amis, et je me plains de mes maux à ceux qui souffrent les mêmes peines que moi. Lorsque les coupes font la ronde, je bois à mon tour; et lorsque l'instant me paraît favorable, j'exhale mes émanations nocturnes, et répands un parfum aussi doux, pour ceux qui sont auprès de moi, que la société d'un ami qui console. Toutes les fois que l'on recherche ma présence, je cède avec empressement à l'invitation, et je me contente de me plaindre à Dieu de ce que des cœurs durs me font souffrir. Sais-tu pourquoi je retiens mon parfum durant le jour, et que je n'ôte mon voile que durant la nuit ! C'est parce que ce sont les ténèbres que les amans choisissent pour leur tête-à-tête, et que la maîtresse attend ce moment pour se montrer à son bien-aimé. Dans cet instant heureux, le rival importun est absent et tout facilite l'accès de la divine amie : aussi, à peine s'est-elle informée des besoins de ses amans, que j'élève vers elle mes soupirs comme des épîtres amoureuses, et lui présente mon humilité comme intercesseur.

VERS.

Je dirige vers ma maîtresse les soupirs enflammés de mon amour, et je lui présente le parfum de mon hommage. Pour obtenir le doux instant de bonheur que j'ambitionne, je n'ai d'autre intercesseur que la pureté de mes vues et mon humilité. Que cette amie agrée mon hommage, ou qu'elle le rejette (cruelle alternative qu'il est impossible d'éviter), mon amour n'en est pas moins le même.

ALLÉGORIE IX.

LE JASMIN.

Alors le jasmin proclama cette sentence, avec l'éloquence expressive de son langage muet : *Le désespoir est une erreur.* Mon odeur pénétrante l'emporte sur le parfum des autres fleurs; aussi les amans me choisissent-ils pour m'offrir à leurs maîtresses. On me tire des trésors invisibles de la divinité, et je ne me repose que dans les sortes de piéges que forment sur le sein les plis de la robe. L'homme dont le cœur est sensible aux charmes de la vie contemplative, distingue facilement l'odeur balsamique que j'exhale sans cesse; et celui qui est en proie à un amour violent, ne méconnaît pas mon mérite. Mon parfum est préférable, je le répète, à celui des autres fleurs, et l'haleine embaumée qui s'échappe de mon sein, est bien au-dessus de celle de mes compagnes. En effet, l'homme dont les qualités sont pures est vraiment bon et religieux; et celui dont les prétentions sont fondées, mérite d'acquérir du lustre et de l'éclat. O toi qui desires parvenir aux degrés les plus élevés du spiritualisme, cherche à acquérir des mérites et des vertus, afin de pouvoir franchir l'échelle de la vie intérieure ; mais si tu n'oses approcher de la carrière mystique, n'espère pas jouir de la protection spéciale que Dieu accorde à ceux qui s'y engagent.

Mon nom offre une énigme dont le sens propre ne peut que plaire aux novices dans la vie spirituelle : il est composé de deux mots différens, *désespoir* et *erreur* ; or le désespoir est une erreur, et l'erreur, une honte. Quand donc les mots *désespoir* et *erreur* sont réunis, ils indiquent la cessation du malheur, et pronostiquent la félicité et la joie.

VERS.

Je vois l'augure venir m'annoncer le bonheur en me donnant le jasmin. Cesse de te chagriner, le chagrin a quelque chose de honteux ; et ne désespère point, car le désespoir est une erreur.

ALLÉGORIE X.

LE BASILIC.

Voici le moment où ma fleur orne ton jardin, dit alors le basilic; donne-moi donc tes ordres, et prends-moi pour ton commensal. Mes feuilles fraîches et délicates t'annoncent mes rares qualités : de même que la danse ne saurait être agréable sans le son des instrumens, ainsi l'esprit ne saurait être réjoui sans moi qui sers à le fortifier. Je suis promis aux élus dans le paradis; ma couleur est la plus harmonieuse de toutes les couleurs; dans ma forme, je n'ai point d'égal; et mon sein renferme un parfum précieux, qui pénètre jusqu'au fond des cœurs, et que connaît celui qui vient me cueillir dans mon parterre. Je suis l'ami des ruisseaux, et le compagnon des fleurs; je partage les secrets de ceux qui s'entretiennent au clair de la lune, et j'en suis le dépositaire le plus fidèle. Cependant tu auras peut-être entendu dire qu'il existe un délateur (la menthe) parmi les êtres de mon espèce; mais, je t'en prie, ne lui fais pas de reproches : il ne répand que sa propre odeur; il ne divulgue qu'un secret qui le regarde; il ne dévoile enfin que ce qu'il peut découvrir. S'il manifeste ses trésors, il est bien le maître de les produire au jour ; s'il exhale son odeur, lui est-il défendu de se faire connaître ! Et voilà cependant l'unique cause qui lui a fait donner le nom injurieux de délateur. Mais celui qui est indiscret pour lui-même, ne peut être assimilé à celui qui révèle des secrets qu'on lui a confiés ; de même que celui qui prodigue le bien qu'il possède, ne peut être mis en comparaison avec celui que son naturel pervers porte à faire du mal. Quoi qu'il en soit, il est certain que tous les hommes conviennent, d'une manière irrévocable, que rien n'est plus blâmable que la délation. Mon frère, refléchis là-dessus. Adieu.

VERS.

O toi qui veux pénétrer le secret de mon amour, cesse tes instances, je t'en conjure, et laisse-moi avec ma passion. J'ai reçu en dépôt le doux secret que m'a confié mon amie ; pourquoi veux-tu que je le divulgue ! je ne suis point un indiscret.

ALLÉGORIE XI.

LA CAMOMILLE.

La camomille, ravie de sa propre beauté, exalta ainsi son mérite : Voici le temps de ma venue ; voici l'époque où j'embellis les champs, où ma végétation est dans toute sa vigueur, où ma beauté est plus douce et plus agréable. Comment les jours où ma fleur s'épanouit, ne seraient-ils pas délicieux! ces ruisseaux mentionnés si souvent dans le Coran ne viennent-ils pas baigner mes tiges! Et comment ne paierais-je pas avec reconnaissance ma dîme annuelle, puisque, sans avoir employé la force ni la violence, les bienfaits, au contraire, de tout ce qui m'entoure, me font un devoir de la payer! Mes pétales blancs servent à me faire connaître de loin, et mon disque jaune imprime une douce langueur sur ma corolle: on peut comparer la différence de ces deux couleurs, à celle qui existe dans les versets du Coran, dont les uns sont clairs et les autres obscurs.

Si tu es en état de comprendre les emblèmes, lève-toi et viens profiter de ceux qui te sont offerts; sinon, dors, puisque tu ne sais pas interpréter la nature qui te déploie ici tous ses charmes : mais, il faut l'avouer, ton ignorance est bien coupable.

VERS.

Ne me blâme point si tu ne saisis pas le sens caché de ce que je te dis, et si tu ne comprends pas les mystères de mes allégories : c'est par pure compassion pour toi que je te parle dans le langage expressif des emblèmes ; mais c'est en vain ; ton oreille est sourde à mes leçons. Eh quoi ! tu ne sais pas tirer une utile instruction de ma mort apparente, qui a lieu chaque année, et des tourmens cruels que les destins me font souffrir ! Tu es souvent venu m'admirer, lorsque ma fleur épanouie brillait du plus doux éclat; tu es venu de nouveau peu après, et tu ne m'as plus trouvée. Lorsque je conte ma peine aux colombes du bosquet touffu, elles calment mes ennuis, et semblent répondre à mes gémissemens ; car elles n'ignorent pas que je suis exposée à mille genres de morts. Tu prends ces plaintes douloureuses pour le chant du plaisir et de la volupté, et joyeux tu te divertis sur le gazon émaillé de mes fleurs : hélas ! il est fâcheux que tu ne saches pas distinguer ma gaieté d'avec ma tristesse.

ALLÉGORIE XII.

LA LAVANDE.

Lorsque la lavande eut vu les peines et les tourmens que souffrent les fleurs, tantôt entassées en gerbes, tantôt étalées, puis abandonnées au mépris : Oh! que je suis heureuse, dit-elle, de ne pas être au nombre des fleurs qui ornent les parterres! je ne risque pas de tomber entre des mains viles, et je suis à l'abri des discours du censeur. Contre la coutume de la plupart des plantes, la nature me fait croître loin des ruisseaux et des terrains inclinés et humides. De même que les bêtes sauvages, je me tiens éloignée de la société, et mon séjour est constamment dans les déserts et dans les solitudes : j'aime les lieux isolés; et je ne me mêle jamais dans la foule. Comme personne ne me sème ni ne me cultive, personne n'a à me reprocher les soins qu'il m'aurait donnés. Les mains d'un esclave ne me cueillent pas, et l'on ne me porte jamais ni au joueur, ni à l'homme vain et frivole. Si tu viens à Najd, tu m'y trouveras : là, loin des demeures des hommes, une plaine spacieuse fait tout mon bonheur, et la société de l'absinthe et des gazelles est mon unique plaisir. Le vent se charge de mes émanations balsamiques, et les porte à ces fervens anachorètes qui, retirés du monde comme moi, ne s'occupent qu'à des exercices de piété : aussi puis-je dire que celui-là seul respire mon odeur, qui, passionné pour la vie contemplative et animé d'un amour ardent et véritable, a la piété du Messie et la patience d'Ismaël. Le matin et le soir, je suis la compagne du pélerin qui traverse le désert; je jouis des avantages de la société des bons, et je suis à l'abri de celle des méchans : on ne m'oblige point à paraître dans des réunions illicites, et je ne suis jamais auprès de celui qui boit et qui s'enivre. Je suis semblable à l'homme libre que l'on n'acheta jamais, et ne suis point exposée en vente dans les marchés, comme l'hypocrite qui a contrefait sa religion. Les libertins ne me recherchent point; mais celui-là seul m'estime, qui, formant un dessein inébranlable, se découvre la jambe, s'élance sur le coursier rapide de la résolution, et le pousse dans l'arène du spiritualisme. Je voudrais que tu fusses dans le désert, lorsque la brise du matin erre auprès de moi dans les vallées. Mon odeur fraîche et aromatique parfume le Bédouin solitaire; mon exhalaison humide réjouit l'odorat de ceux qui se reposent auprès de moi : aussi, lorsque le chamelier vient à décrire mes rares qualités aux gens de la caravane, ne peuvent-ils s'empêcher de reconnaître avec attendrissement mon mérite.

VERS.

Le zéphyr vient me dire de douces choses de la part de la lavande, et m'apporter le salut de l'absinthe. Mon amour est couronné du succès; je le comprends à ce langage figuré. Heureux état ! puisse-t-il durer toujours ! La brise s'avance dans le mystère de la nuit, et, tandis que mes compagnons sont plongés dans un profond sommeil, elle me réveille doucement : son souffle rafraîchissant et balsamique excite en moi une émotion qui me rend semblable à celui que trouble l'ivresse. Le zéphyr, toujours chargé d'émanations odorantes, et que la bonté divine a doué des qualités les plus précieuses, m'environne de sa frémissante haleine, comparable aux soupirs de mon amour, et ma passion prend de nouvelles forces. J'erre à la poursuite de ce vent parfumé, plongé dans la joie et dans l'amour le plus pur, et l'éclair semble sourire en voyant mes transports. Le zéphyr passe sur les campagnes de Najd, et les rameaux flexibles s'inclinent devant lui, comme par respect. Les colombes du bocage voisin me rappellent, par leur roucoulement plaintif, ces tentes et ces pavillons chéris, où tant d'amans empressés accourent en foule, pour recevoir le prix de leur amour et de leur constance : c'est là que l'idole qu'appellent mes soupirs, laisse voir ces traits radieux dont la splendeur dissipe les ténèbres de la nuit !

ALLÉGORIE XIII.

L'ANÉMONE.

L'ANÉMONE, que l'on distinguait de loin au milieu de ses compagnes, par la teinte de sang qui colore ses pétales, soupira alors, et, soulevant sa tige inclinée, sembla dire ces paroles : Pourquoi ai-je si peu de part aux hommages que l'on rend aux autres fleurs, quoique ma beauté soit éclatante et ma couleur agréable ! Quoi ! personne ne fait l'éloge de mes agrémens, personne ne desire me cueillir ! Quelle est donc la cause de cette indifférence marquée ! Je m'enorgueillis des riches nuances de mon vêtement, et cependant celui qui m'aperçoit me dédaigne : on ne me place point dans les vases qui décorent les salons; que dis-je ! je semble rebuter également et la vue et l'odorat; on ne me donne que le dernier rang parmi les fleurs qui ornent les parterres; on va même jusqu'à me chasser du milieu d'elles, et à m'éloigner de leur douce compagnie. Tout cela n'a lieu, à ce que je m'imagine, que parce que mon cœur est noir; mais que puis-je contre les décrets de la providence! Aussi, en considérant que mon intérieur est plein de défauts, et que mon cœur est souillé de vices, et sachant que le très-haut ne fait pas attention aux formes extérieures, mais seulement aux qualités du cœur, je vois que ma complaisance pour ma beauté apparente est précisément ce qui m'a privée de la faveur divine. Je suis semblable à l'hypocrite, dont la conduite est irréprochable en apparence, mais dont l'ame renferme la turpitude : au dehors, son mérite ne saurait être trop prisé; mais au fond il est bien petit. Si mon intérieur était conforme à mon extérieur, je ne serais pas obligée de me plaindre, et si Dieu l'eût voulu, j'aurais pu être estimée et offrir à l'odorat une émanation suave; mais le bien ne provient que de celui qui est réellement bon. C'est ainsi que les signes de la faveur ne paraissent que sur ceux dont la divine maîtresse a agréé les hommages. Qu'il gémisse douloureusement et qu'il verse des larmes abondantes, celui que les dédains de sa céleste amie plongent dans le chagrin, et qui est privé de connaître l'essence véritable de cette éternelle beauté !

VERS.

Ne me blâme point si j'ai déchiré mes vêtemens; ton reproche aggraverait le mal que l'amour m'a causé. Mes fautes ont noirci mon ame, et le destin contraire a fixé l'arrêt de mon malheur. Ceux qui me voient, m'admirent; mais, hélas! celui qui m'a formé sait que je renferme un cœur hypocrite : mon extérieur est la beauté même ; mais les vices sont renfermés dans mon sein coupable. Quelle honte, lorsqu'au dernier jour je serai interrogé ! hélas! je n'aurai point d'excuse à apporter. Ah! si tu écartais le voile qui cache mon ignominie, tu verrais la joie sur le visage de ceux qui me haïssent.

ALLÉGORIE XIV.

LA NUE.

Lorsque la nue crut que le moment était favorable pour faire entendre son langage emblématique, elle répandit des pleurs, s'étendit et s'agita dans le vague des airs, et sembla prononcer ces mots : Végétaux, pouvez-vous méconnaître les bienfaits dont je vous comble, moi qui favorise votre croissance de mon ombre et de ma pluie! N'êtes-vous pas les enfans de ma libéralité! pourriez-vous même exister sans moi! Grâce à ma bienfaisance, les champs ne se couvrent-ils pas d'épis dorés, la mer ne s'enrichit-elle pas de perles étincelantes! Je nourris les germes des plantes dans le sein de leur mère, et je les débarrasse peu-à-peu de ce qui gênait leur croissance. Quand ensuite les graines, comme la femme féconde, ont mis au monde leurs embryons, et que j'ai fait paraître les jeunes plantes hors du creux de sable où elles étaient, je me charge d'en avoir soin et de les élever, et la mamelle de mes bienfaits, comme celle d'une femelle de chameau au lait abondant, ne cesse de leur fournir l'eau nécessaire à leur développement progressif. Mais lorsque le temps de l'allaitement est fini, et que le moment du sevrage arrive, alors je cesse de leur tendre mes mamelles; aussi se dessèchent-elles bientôt, et ce ne sont que mes larmes abondantes qui les rendent à la vie, et que les gouttes de mes pleurs généreux, qui leur redonnent la fraîcheur. Tous les êtres qui existent sont vraiment mes enfans; n'a-t-on pas en effet entendu dans toutes les tribus ce passage du Coran : *Nous avons donné la vie à chaque être par le moyen de l'eau!*

VERS.

Lorsque je vois ce pavillon printanier, jadis séjour de ma maîtresse, aujourd'hui vide et inhabité, je ne puis m'empêcher de verser des pleurs semblables à ceux que tu répands dans une ondée légère. L'amant laisse échapper des larmes de joie, tandis que l'éclair semble sourire, et que le zéphyr de l'espérance apporte à son oreille de douces nouvelles; il soupire alors amoureusement, en se tournant vers les vestiges, à demi effacés, de l'habitation de son amie.

Ne lui fais pas de reproches sur son amour, ne blâme point sa passion; tu n'apporterais aucun remède à ses maux. Pour toi, laisse ces violens desirs; une ardeur brûlante, un chagrin dévorant, voilà ce que tu en retirerais.

ALLÉGORIE XV.

LE ROSSIGNOL.

Tandis qu'assis sur le bord du ruisseau qui sillonnait ce jardin, je prêtais mon attention au langage muet des fleurs qui l'embellissaient, tout-à-coup des voix éloquentes s'élevèrent des nids suspendus aux cimes des arbres qui me couvraient de leur ombre. J'entendis d'abord la voix mélodieuse du rossignol, qui, se promettant de séduire par la beauté de son chant, laissa échapper les secrets qu'il cachait avec soin, et sembla, dans son gazouillement emblématique, bégayer ces paroles : Je suis un amant passionné, ivre d'amour, dévoré par la mélancolie et brûlé par la soif du desir. Lorsque tu verras le printemps arriver, et la nature entière reprendre alors un aspect riant, tu me trouveras tout joyeux dans les jardins, ou tu m'apercevras çà et là dans les bosquets, soupirant mes amours, chantant et sautillant sans cesse sur les branches. Si l'on me présente la coupe, je m'y désaltère, et, satisfait du son harmonieux de ma voix, ivre de l'odeur embaumée que je respire, lorsque les feuilles mobiles frémissent au souffle caressant du zéphyr, je me balance sur les rameaux agités: les fleurs, et le ruisseau qui traverse la prairie, occupent tous mes momens, et sont pour moi comme une fête perpétuelle. Tu t'imagines pour cela que je suis un amant folâtre : tu te trompes; j'en fais le serment et je ne suis point parjure. Mon chant est le chant de la douleur, et non celui de la joie ; les sons que je fais entendre sont les accens de la tristesse, et non ceux du plaisir. Toutes les fois que je voltige dans un jardin, je balbutie l'affliction qui va bientôt remplacer la gaieté qui y règne; si je suis dans un lieu agréable, je gémis sur sa ruine prochaine; si j'aperçois une société brillante, je pleure sur sa séparation. En effet, je n'ai jamais vu de félicité durable; la paix la plus douce est bientôt troublée, la vie la plus délicieuse devient bientôt amère. J'ai lu d'ailleurs dans les écrits allégoriques des sages, ces mots du Coran : *Tout passe dans le monde présent.* Comment donc ne point gémir sur une situation si peu assurée, sur un temps exposé aux vicissitudes de la fortune, sur une vie qui s'évanouit, sur un instant de volupté qui va finir! Voilà l'explication de ma conduite; je pense que cela te suffit.

VERS.

Ce qui seul soutient mon existence, c'est de m'entretenir de ce lieu sacré, séjour inaccessible de celle que j'adore. Ne me blâme point, si tant de fois je répète les chants de mon amour: quel mortel ne serait pas ivre de volupté, en pensant à un jardin où des plantes odorantes embaument l'air de leur parfum, où des vins délicieux excitent au plaisir, où des fleurs dont rien n'égale le charme et la beauté, ornent la terre d'un tapis nuancé, ici d'un blanc pur ou d'un rouge éclatant, là d'un vert tendre, plus loin d'un jaune foncé! Le ruisseau, les fleurs, les rameaux, semblent s'agiter dans l'arène de mon amour, au son des cordes de ma lyre. Les obstacles cessent, et je vois arriver enfin l'heureux moment du bonheur. .... Douces pensées, vous êtes ma vie; sans vous elle finirait.

ALLÉGORIE XVI.

LE FAUCON.

Le faucon, du milieu de l'enceinte de la chasse, prenant aussitôt la parole : Quoique tu sois bien petit, dit-il au rossignol, tes torts sont bien grands : ton chant continuel fatigue les oiseaux, et c'est l'intempérance de ta langue qui attire sur toi le malheur, sans pouvoir te procurer aucun avantage. Ne sais-tu donc pas que les fautes dont la langue se rend coupable, sont précisément ce qui perd l'homme! En effet, sans la mobilité de ta langue indiscrète, on ne t'enleverait point du milieu de tes compagnons; on ne te retiendrait point captif dans le séjour étroit d'une cage, et la porte de la délivrance ne serait pas irrévocablement fermée pour toi. Réponds, n'est-ce pas à ta langue que tu dois ces malheurs qui couvrent de honte ton éloquence! Au contraire, si, me prenant pour modèle, tu imitais ma taciturnité, tu serais alors exempt de reproche, et tu verrais que cette qualité précieuse est compagne de la sûreté. Jette un regard sur moi; vois comme je suis fidèle aux règles du silence. Que dis-je! la discrétion même de ma langue fait mon mérite, et l'observation de mes devoirs, ma perfection. Enlevé du désert par force, et emmené malgré moi dans un pays lointain, jamais je ne découvre le fond de ma pensée; jamais tu ne me verras pleurer sur des vestiges qui me rappelleraient un objet chéri. L'instruction, voilà ce que je recherche dans mon voyage : aussi mérité-je d'être récompensé toutes les fois qu'on me met à l'épreuve; car on connaît le proverbe : *C'est l'épreuve qui décide si l'on doit honorer ou mépriser quelqu'un.* Lorsque mon maître voit la perfidie du temps, il craint que je ne sois en butte à la haine, et il couvre alors ma vue avec le chaperon qu'indiquent ces mots du Coran, *N'étends point la vue;* il enlace ma langue avec le lien qu'ont en vue ces paroles du même livre, *Ne remue point la langue;* il me serre enfin avec les entraves désignées par cette sentence du même ouvrage, *Ne marche pas sur la terre avec pétulance.* Je souffre d'être ainsi lié, et cependant je ne me plains point des maux que j'endure. Après que le chaperon a long-temps couvert mes yeux, que j'ai reçu les instructions nécessaires, que l'on m'a assez essayé et que j'ai acquis un certain degré d'habileté, mon maître veut m'employer à la chasse, et, me délivrant de mes liens, il me jette, et m'envoie avec le signal indiqué par ces mots du Coran, où Dieu, s'adressant à Mahomet, lui dit : *Nous t'avons envoyé, &c.* On n'ôte le chaperon de dessus mes yeux que lorsque je suis en état d'exécuter parfaitement ce qu'on m'a appris ; et c'est alors que les rois deviennent mes serviteurs, et que leur poignet est sous mes pieds orgueilleux.

VERS.

J'interdis à ma langue l'excès de la parole, et à mes yeux le spectacle du monde : la mort menaçante, qui, chaque jour, s'avance avec plus de rapidité, me fait oublier les voluptés les plus délicieuses. Je ne m'occupe qu'à prendre les manières des princes, et à me former aux belles actions : la main du roi est le point de départ de mon vol ; je me dirige vers ma proie, bientôt je la saisis de mes serres victorieuses, et je reviens, au moindre signal, vers celui qui m'a envoyé.

Par ma vie, voilà quelle doit être la règle de ceux qui s'assujettissent aux lois sacrées de la soumission à la foi.

ALLÉGORIE XVII.

LA COLOMBE.

J'ÉTAIS encore tout occupé des paroles agréables du faucon, et je méditais sur les leçons de sagesse et de prudence qu'il m'avait données, lorsque je vis devant lui une colombe ornée du collier de l'obéissance. Parle-moi de ton discernement, et de ce que tu aimes, lui dis-je alors; et révèle-moi les motifs qu'a eus la Providence en te parant de ce beau collier. Je suis chargée, me répondit-elle, de porter les doux messages qui gagnent les cœurs, et ce collier est le signe de ma fidélité à remplir les commissions qu'on me confie; mais, pour parler avec franchise, car la religion ordonne la sincérité, tous les oiseaux ne méritent pas qu'on se fie à eux, de même que ceux qui prêtent serment, ne sont pas tous véridiques, et que ceux qui s'engagent dans la vie spirituelle, ne sont pas tous du nombre des élus. Les individus seuls de mon espèce rendent exactement ce dont on les charge; et ce qui prouve mon intégrité, c'est cette sentence : « Les » oiseaux bigarrés de noir et de blanc, et ceux qui » sont verts, remettent fidèlement ce qu'on leur con- » fie, parce que de même qu'ils sont préférables à

» l'extérieur, ils le sont aussi en réalité. » Lorsque l'oiseau est noir, il n'est pas propre à l'objet dont il s'agit; s'il est blanc, cette couleur est le signe d'une imperfection naturelle, et indique un manque d'énergie qui le rend incapable de faire ce qu'on desire. (Les vues et les desseins élevés ne se trouvent que dans l'ame pure, noble et droite.) Mais lorsque la couleur de l'oiseau est dans un juste milieu, il est excellent pour les messages, et on doit l'élever pour cet emploi. On l'achète alors dans les bazars, aux cris des courtiers qui annoncent les marchandises, et on le dresse peu-à-peu à reconnaître son chemin. Aussi, dès que je m'offre pour quelque message, n'hésite-t-on pas à me confier des lettres pleines de secrets, et à me charger de nouvelles agréables. Je pars; mais bientôt la crainte vient troubler mon esprit; je veux éviter l'oiseau de proie sanguinaire, le voyageur aux pas rapides, et le chasseur impitoyable : j'accélère donc mon vol, supportant une soif ardente dans les déserts du midi, et une faim cruelle dans les lieux pierreux. Si je voyais un grain de froment, je m'en éloignerais même, malgré le besoin qui me presse, me rappelant le malheur affreux que le blé fit tomber sur Adam; et, dans la crainte d'être exposée à ne pouvoir porter la lettre à sa destination, et à conclure ainsi le marché de la dupe, j'évite avec grand soin de tomber dans un filet caché sous la poussière, ou d'être prise dans des lacs perfides. Dès que, parvenue au but de mon voyage, je me vois dans un lieu de sûreté, je remets alors ce dont on m'a chargée, et je me comporte de la manière que l'on m'a apprise. Tu vois actuellement pourquoi je suis ornée d'un collier: j'ai été créée pour transmettre de bonnes nouvelles, et je remercie Dieu de m'avoir choisie pour cet emploi.

VERS.

Chère amie, puis-je espérer d'obtenir de toi la moindre faveur, ou me délaisses-tu! L'esclave de ta beauté ne cessera point, dans l'un ou dans l'autre cas, de t'être fidèle : il n'est pas ébranlé par les paroles du censeur; rien ne saurait le faire renoncer à sa noble passion. Pour ton amour, je n'ai pas craint d'accepter ce que les monts les plus élevés ont refusé. Oui, je serai fidèle à la foi que je t'ai jurée: la fidélité aux engagemens que l'on a contractés, est le plus bel ornement qui puisse décorer l'homme bien né.

Laisse-le se livrer à l'amour de la beauté qui le captive; car ton sort est le même que le sien, ô toi qui lui fais de cruels reproches.

ALLÉGORIE XVIII.

L'HIRONDELLE.

Tandis que je m'entretenais, avec la colombe, des qualités qui constituent la perfection, et de ce qui constitue la perfection de ces qualités, voilà que j'aperçus une hirondelle qui voltigeait autour d'une chaumière : Je suis étonné, lui dis-je aussitôt, de te voir toujours, auprès des maisons, aspirer à l'amitié de l'homme ; ne serait-il pas plus sage de ne point quitter tes semblables, et de préférer la douce liberté des champs à ton emprisonnement dans nos demeures ! Pourquoi ne te fixes-tu donc jamais que dans les endroits cultivés et dans les lieux qu'habite l'espèce humaine !

Puisque ton esprit est si peu délié et que ton oreille est si dure, me répondit-elle, sache donc quel est le motif de ma conduite, et pourquoi je me sépare ainsi des autres oiseaux : si j'ai abandonné mes pareils ; si j'ai fréquenté des êtres d'une autre nature que la mienne ; si j'ai pris pour mon habitation les toits plutôt que les rameaux et le creux des arbres, c'est qu'à mes yeux il n'y a rien de préférable à la condition d'étranger, et que je veux me faire aux manières élégantes de la société. Je me mêle donc parmi des êtres qui ne sont pas de mon espèce, précisément pour être étrangère au milieu d'eux; et je recherche le voisinage de celui qui est meilleur que moi, pour recevoir l'influence de son mérite : je vis toujours en voyageuse, et je jouis ainsi de la compagnie des gens instruits. On traite d'ailleurs avec bonté celui qui est loin de sa patrie, et on l'accueille d'une manière obligeante. Lorsque je viens m'établir dans les maisons, je ne me permets pas de faire le moindre tort à ceux qui y demeurent; je me contente d'y bâtir ma cellule, que je forme de matériaux pris au bord des ruisseaux, et je vais chercher ma nourriture dans des lieux déserts. Jamais d'injustice, jamais de perfidie envers celui auprès de qui je réside; j'use au contraire avec lui des règles les plus exactes de la complaisance qu'un voisin doit avoir pour son voisin, et cependant il ne pourvoit point à ma subsistance de chaque jour. Comme j'habite dans les maisons, j'augmente le nombre des gens du logis, mais je ne demande point à partager leurs provisions; aussi le soin que je mets à m'abstenir de ce qu'ils possèdent, me concilie leur attachement; car, si je voulais prendre part à leur nourriture, ils ne m'admettraient point dans leurs demeures. Je suis auprès d'eux lorsqu'ils sont assemblés ; mais je m'éloigne lorsqu'ils prennent leurs repas : je me joins à eux dans les momens de leurs prières, jamais lorsqu'ils se rendent à la salle des festins ; c'est à leurs bonnes qualités que je desire participer, et non à leurs banquets ; c'est leur état heureux que j'ambitionne, et non leurs richesses ; je recherche leur mérite, et non leur froment ; je souhaite leur amitié, et non leur grain ; me conformant, dans ma conduite, à ce qu'a dit celui à qui le Très-Haut a daigné révéler ses volontés (que Dieu lui soit propice et lui accorde le salut !) : «*Si tu sais* » *te priver des plaisirs de ce monde, tu jouiras de* » *l'amitié de Dieu ; et si tu t'abstiens scrupuleuse-* » *ment de ce que possèdent les hommes, tu auras* » *leur affection.*»

VERS.

Oui, abstiens-toi scrupuleusement de ce que possèdent les autres, et tout le monde t'aimera. Ne vois-tu pas l'hirondelle ! elle ne touche jamais à nos provisions ; aussi la recevons-nous dans nos foyers comme un pupille que l'on presse sur son sein.

J'ai entendu avec plaisir ton éloquent discours, dis-je alors à l'hirondelle : que tu es heureuse ! ta conduite sensée est digne de louange ; tes paroles sont sages, j'en profiterai. Adieu.

ALLÉGORIE XIX.

LE HIBOU.

Le hibou, tristement retiré dans une masure solitaire, m'adressa bientôt après, la parole en ces termes : Vrai et sincère ami, ne te fie pas au discours de l'hirondelle et n'imite pas sa conduite ; car, quoiqu'on ne la soupçonne point de se nourrir des mets de votre table, il n'en est pas moins vrai qu'elle participe à vos plaisirs, à vos joies, à vos fêtes, et qu'enfin elle habite au milieu de vous : or, tu sais que celui qui se fixe auprès d'une classe quelconque de gens, en fait partie par cela même, et que, n'y fût-il resté qu'un instant, il est dans le cas d'être interrogé sur ces personnes. Tu sais encore que, de même qu'une seule goutte est la source éloignée d'un torrent impétueux, de même la société est la source des crimes ; aussi ne doit-on pas y placer sa félicité. La paix et le bonheur ne se trouvent que dans la retraite : ah ! celui qui s'y réfugie, n'a pas à craindre que l'envie l'éloigne de son emploi. Suis donc mon exemple et imite mon isolement: laisse les palais somptueux et celui qui y fait sa résidence; les mets délicats et celui qui s'en nourrit. Fais attention à ma conduite : je ne réside point dans vos demeures, et je ne suis jamais dans vos assemblées; mais un creux dans un vieux mur est mon habitation solitaire, et je préfère, pour mon séjour, des ruines à des lieux soignés par la main de l'homme : là, loin de mes compagnons, de mes amis et de mes proches, je suis à l'abri des tourmens et des peines, et je n'ai pas à craindre les envieux. Comment, en effet, celui dont l'habitation doit être un jour la poussière, peut-il demeurer avec les autres hommes! Chaque jour et chaque nuit viennent empiéter sur sa vie et la détruire sourdement; et il ne se contenterait pas d'une masure! Celui qui a le bonheur de comprendre que la vie, qui paraît longue, est réellement si courte, et que tout s'avance vers la destruction, celui-là, au lieu de passer la nuit sur un lit voluptueux, prendra pour sa couche une natte dure et inégale, se contentera d'un pain d'orge pour toute nourriture, et ne goûtera que le moins possible des voluptés du monde, en se rappelant qu'une partie des créatures sera placée dans le paradis, et que l'autre sera précipitée dans l'enfer.

Pour moi, j'ai jeté un regard sur la vie présente, et je l'ai vue en proie à la dévastation; j'ai tourné alors mes yeux vers la vie future, et j'ai vu qu'elle s'approche rapidement. Me rappelant ensuite le compte terrible que Dieu fera rendre au jour de la résurrection, j'ai médité sur l'ame, et j'ai pensé au bien qu'elle peut faire et au mal dont elle peut se rendre coupable: c'est alors que, réfléchissant sur ma situation et faisant une attention sérieuse à moi-même, j'ai conçu de l'éloignement pour un monde qui n'offre qu'un grand vide; j'ai oublié ce que mes semblables ont droit d'attendre de moi, et ce que j'ai droit d'attendre d'eux; j'ai abandonné ma famille et mes biens, et j'ai méprisé les châteaux élevés. Bientôt la foi écartant de la vue de mon intelligence le bandeau du doute, j'ai reconnu que ni joie ni plaisir ne demeure; que tout périt, si ce n'est l'Être par qui tout existe. Je me suis élevé à la connaissance de cet Être, sans pouvoir pénétrer ce qu'il est : son image adorée est tout ce qu'aperçoivent mes yeux, et son nom béni, ce que prononce ma bouche.

VERS.

Pour cette divine amie j'ai quitté les hommes; ce n'est qu'elle que je desire, qu'elle seule à qui je veux plaire. Pour elle, je m'isole de toute société, et, guidé par l'intention la plus droite, je m'abandonne à l'amour le plus pur. Je la verrai, je l'espère; mon amour ne sera point frustré. Mes amis ont réprouvé la noble passion de mon cœur, sans connaître le sentiment qui l'agite. Si l'objet sacré de ma flamme ôtait le voile qui cache ses appas, la pleine lune elle-même en emprunterait son éclat argentin. Je n'ose par respect nommer cette beauté divine que toutes les créatures étonnées admirent; mais, lorsque mon amour violent ne peut se contenir, mes soupirs font entendre un de ses attributs.

Je saisis avec la plus grande avidité les avis du hibou, et je jetai loin de moi les vêtemens de l'amour-propre; mais les passions semblaient me dire : Reste, reste avec nous.

ALLÉGORIE XX.

LE PAON.

Je me tournai d'un autre côté, et je vis un paon, oiseau qui, après avoir vidé la coupe de la vanité, et s'être couvert du vêtement de la dissimulation, fut associé aux malheurs d'Éblis. Des couleurs variées embellissent ses plumes; mais sa vie est en proie à mille genres de douleurs, et il ne reverra jamais le paradis (Dieu en sait la raison). Oiseau malheureux, lui dis-je, combien le sort que le destin t'a réparti est différent de celui du hibou! le hibou porte son attention sur les qualités intérieures et réelles, et tu ne t'attaches qu'à ce qui est extérieur; tu te laisses tromper par une folle sécurité, et tu ne places ta joie que dans ce qui est périssable.

Faible mortel qui viens m'insulter, me répondit-il, laisse tes reproches, et ne rappelle pas à celui que le chagrin accable, ce qui lui a été ravi; car il est dit dans la tradition : *Ayez pitié de l'homme illustre qui a perdu son rang, et de l'homme riche qui est devenu pauvre.* Je voudrais que tu m'eusses vu lorsque je me promenais dans Éden auprès des ruisseaux limpides et des grappes vermeilles qui l'embellissent, et que, le parcourant dans tous les sens, j'entrais dans ses palais superbes et jouissais de la compagnie de ses échansons ravissans et de ses houris volupteuses. Louer Dieu était mon breuvage; célébrer sa sainteté, mon aliment : je tins toujours la même conduite, jusqu'à ce que le fatal destin poussa vers moi Éblis, qui me couvrit du vêtement de l'hypocrisie, et changea en défauts mes plus belles qualités. J'eus d'abord horreur de ce qu'il me proposa; mais, hélas! le destin plonge, lorsqu'il le veut, dans le malheur et dans l'infortune, et fait fuir les oiseaux de leurs nids pour les livrer au chasseur.

Quant à Éblis, il marchait fièrement, revêtu des habits célestes de la faveur de Dieu; mais son mauvais destin finit par le porter à refuser avec orgueil de se prosterner devant Adam. C'est précisément dans l'événement qui suivit ce refus, que j'eus, par malheur, quelques relations avec cet ange rebelle. Il m'entraîna dans le crime, me déguisant ce qu'il y avait de pervers dans son dessein; et, pour tout dire, je lui servis d'introducteur dans Éden, tandis que, de son côté, le serpent machinait pour l'y faire entrer. Après l'événement, Dieu me précipita du séjour de la gloire dans la demeure de l'ignominie, avec Adam, Ève, Éblis et le serpent, en me disant : Voilà la récompense de celui qui sert de guide pour une mauvaise action, et le salaire que l'on mérite pour avoir fréquenté les méchans. Dieu me laissa mon plumage nuancé de mille couleurs, pour que cet ornement, me rappelant les douceurs de la vie que je menais dans Éden, augmentât mes regrets, mes desirs, et mes gémissemens; mais il plaça les signes de sa colère sur mes pattes, afin qu'en y jetant sans cesse des regards involontaires, je me ressouvinsse de la violation de mes engagemens. Que j'aime ces vallées, où tous les charmes de la nature semblent être réunis pour donner une idée de ce lieu d'où j'ai été chassé, et d'où mon destin malheureux m'a éloigné pour toujours! Les jardins agréables me font souvenir des prairies printanières de mon ancienne habitation, sujet des larmes abondantes qui coulent de mes yeux; et c'est alors sur-tout que je me reproche ma faute, et que je m'écrie en pensant à mon malheur:

VERS.

Séjour délicieux, puis-je espérer de te revoir jamais! goûterai-je encore dans ton sein un instant de sommeil paisible! Habitans de ces lieux fortunés, lorsqu'au moment cruel de la séparation, je vous dis un dernier adieu, je fus sur le point de mourir de douleur et de tristesse; n'aurez-vous donc jamais compassion de mon malheureux état! Vous avez éloigné le sommeil de mes paupières, et vous m'avez uni de la manière la plus étroite à l'affliction : mon corps est loin de vous, mais mon esprit est au milieu de vos tentes; pourquoi ne pas permettre à mon corps de s'y réunir à mon esprit! Lorsque je me rappelle les nuits délicieuses que j'ai passées avec ces objets ravissans, sous des pavillons protecteurs, si l'abondance de mes larmes ne soulageait ma peine, je mourrais consumé de desir. J'ai cru, dans mes rêveries, que vous me promettiez de venir voir votre ami fidèle; hélas! mon ardeur en a été accrue, et mon desir augmenté. Si je dois cet éloignement pénible à une faute dont j'ai pu me rendre coupable, que ma situation malheureuse soit aujourd'hui mon meilleur intercesseur! Mais, hélas ! ces doux momens sont passés pour toujours, et mon partage doit être la soumission et la modestie.

Pour moi, affligé des malheurs du paon, je répandis des larmes sur ses peines. Je sens, en effet, que rien n'est plus douloureux que l'absence, quand on a joui des avantages de la réunion la plus douce ; et que rien n'est plus triste que le voile qui cache des appas adorés, après qu'on a eu le bonheur de les contempler à découvert.

ALLÉGORIE XXI.

LA PERRUCHE.

Tandis que le paon, tantôt soupirait en promenant la vue sur ses plumes, qui lui rappelaient son bonheur, tantôt, en jetant des regards involontaires sur ses pattes, poussait des cris plaintifs et douloureux; voilà que je vis à côté de lui une perruche, dont la robe verte figurait celle d'un chérif. Elle s'adressa au paon, et lui dit ces paroles éloquentes : Jusques à quand garderas-tu cet air sombre ! Ton plumage superbe ressemble à la parure d'une jeune mariée; mais, en réalité, tu es comparable à l'obscurité du sépulcre. Ton jugement faux t'a amené au point d'être chassé du lieu de délices où tu étais; et tu ne t'es vu traité de la sorte que pour avoir usé de perfidie envers l'homme, qui habitait cette demeure sacrée, et pour avoir troublé un bonheur qui devait être inaltérable. Si tu pensais à ton bannissement, et à l'homme, qui en a été la cause, je ne doute pas que tu ne t'occupasses alors à réparer ta faute, et non à te divertir dans un jardin. Puisque tu t'es rendu coupable envers Adam, dans Éden, il faut donc actuellement que tu travailles à t'excuser; que tu te joignes à lui, lorsque, dans la retraite, il adresse à Dieu de ferventes prières pour implorer sa clémence, et que, dans l'espérance de visiter un jour les demeures célestes avec le père des hommes, tu avoues ta faute, que tu as d'abord refusé de reconnaître: car il retournera immanquablement à son premier état, et les jours de bonheur lui seront rendus. Voici, en effet, ce que l'on dit à Adam, lorsque, chassé d'Éden, il fut placé dans le champ du monde: Sème aujourd'hui ce qui doit être récolté demain; peut-être encore n'en recueilleras-tu pas le fruit: alors, quand tu auras achevé de semer, et que tes plantes auront pris de l'accroissement, tu retourneras dans ton heureux séjour, en dépit de l'ennemi et de l'envieux. Celui qui t'imitera dans ta pénitence, sera fortuné; et celui qui se comportera comme toi, recevra pour sa récompense la demeure de l'éternité.

Ne vois-tu pas combien je suis estimée lorsque mes idées s'élèvent et s'étendent! Méprisant ce qui occupe les autres oiseaux, j'ai considéré le monde et ses créatures, et j'ai vu que l'homme est le seul modèle que je doive me proposer. En effet, Dieu a créé tous les êtres pour les hommes, et c'est pour lui qu'il a créé les hommes; il se les est attachés par des liens indissolubles, et les a comblés des faveurs les plus signalées. Aussi, quoique ma nature soit bien différente, cherché-je à me rapprocher de leurs habitudes, sur-tout en imitant leur langage, et en me nourrissant des mêmes alimens. Mon bonheur est de leur adresser la parole; je ne recherche qu'eux; et ce sont les efforts que je fais pour me rendre semblable à eux, qui me concilient l'estime qu'ils ont pour moi; car ils me considèrent comme un commensal, et nous sommes unis d'une amitié réciproque. Conformant mes actions aux leurs, je prie comme ils prient, je rends grâce comme ils rendent grâce; et j'ai droit d'espérer qu'au jour où ils paraîtront devant Dieu, ils se souviendront de moi, me donneront des éloges, et qu'en conséquence, après avoir été du nombre de leurs serviteurs dans le monde présent, je serai aussi leur esclave dans l'autre.

VERS.

Cherche à me connaître, et tu verras que je suis du nombre de ceux qui sont réellement tels qu'ils paraissent être. L'objet de ma passion est une beauté qui possède des perfections éclatantes et sublimes, que la pureté et la sainteté décorent, et dont le rang suprême est respecté et béni. Oui, je l'espère, mes vœux seront exaucés : Mahomet, la plus excellente des créatures, et dont les paroles ne sauraient être trompeuses, assure que l'amant sera uni à sa maîtresse.

———

Lorsque la perruche, en exaltant ses propres qualités, se fut ainsi placée dans le cercle des êtres les plus éminens, je me dis à moi-même : Je n'avais jamais étudié l'état emblématique des animaux ; mais, que vois-je aujourd'hui ! ils veillent, tandis que je suis dans le sommeil le plus profond de la tiédeur et de l'indifférence. Pourquoi ne point m'approcher de la porte du miséricordieux ! peut-être qu'on me permettrait l'accès auprès de ce Dieu clément, et qu'il dirait ces consolantes paroles : « Que celui qui arrive soit le bien-venu ; » je pardonne sa faute à celui qui se repent. »

ALLÉGORIE XXII.

LA CHAUVE-SOURIS.

La chauve-souris, engourdie et tremblante, m'adressa bientôt après ces mots : Ne te mêle point dans la foule, si tu veux participer aux faveurs de la beauté divine que tu chéris. Jadis Cham erra long-temps autour de l'asyle sacré ; mais Dieu n'en permit l'entrée qu'à Sem.

VERS.

Ce ne sont point les lances noires qui nous rendent maîtres de l'objet de notre desir ; ce n'est point le tranchant du glaive qui nous fait atteindre aux choses élevées.

———

Il faut consacrer des instans à la retraite, et passer les nuits obscures en ferventes prières. Fais attention à ma conduite : dès que le soleil se lève, je me retire dans mon trou solitaire ; et là, mon esprit libre de tout soin se livre à de douces pensées. Tant que dure le jour, isolée, loin des regards, au fond de ma cellule, je ne vais voir personne, personne ne vient me voir ; cependant les gens éclairés m'aiment et me considèrent. Mais lorsque la nuit a répandu ses ombres sur la terre, je sors de ma retraite, et je choisis ce temps pour veiller et pour agir. C'est au sein des ténèbres que la porte sacrée s'ouvre, que le voile importun est écarté, et qu'à l'insu des rivaux jaloux, la bien-aimée reçoit ses favoris en tête-à-tête. A l'instant où les amans de cette céleste amie, et les malheureux relégués sur cette terre d'exil, baignent de larmes leurs paupières brûlantes, elle entr'ouvre le rideau et se montre sur ce seuil béni. Elle appelle elle-même ses adorateurs, et leur accorde des entretiens secrets. C'est alors qu'ils lui adressent de ferventes prières qu'interrompent leurs sanglots, et qu'ils ont le bonheur d'entendre ces douces paroles : Messager céleste, endors celui-ci, réveille celui-là. Annonce à l'amant qui a celé l'ardeur dont il brûlait pour moi, qu'il peut maintenant la découvrir avec confiance; dis à cet amant altéré que la coupe est remplie; apprends à celui que son amour a jeté dans l'agitation la plus vive, que le moment délicieux de l'union avec l'objet de ses desirs est arrivé.

VERS.

O toi ! dont la noble passion n'a que moi pour objet, que des reproches ne t'éloignent pas du seuil de ma porte; les engagemens doivent être stables, et l'amour doit être constant. La renommée de ma puissance, de ma beauté et des faveurs que j'accorde, s'est répandue par tout l'univers, et les pélerins ont commencé leur voyage. Si tu te soumets à ma dignité suprême, les souverains et les monarques se soumettront avec respect à la tienne. O amans! hâtez-vous; voilà le coursier et l'hippodrome.

———

Petit et faible oiseau, dis-je alors à la chauve-souris, explique-moi pourquoi, lorsque le soleil paraît sur l'horizon, tu cesses de voir, et ne recouvres la vue qu'au moment de son coucher; cet astre, de qui les autres êtres reçoivent la lumière, te rendrait-il aveugle!

Pauvre mortel, me répondit-elle, c'est que, jusqu'à présent, je ne me suis occupée qu'à connaître la voie droite, et que je n'ai pas encore acquis les vertus qui en méritent l'entrée: celui qui est dans cet état d'investigation et de crainte, est ébloui par la lueur des astres du spiritualisme; mais celui qui possède les vertus de la vie intérieure, soutient l'aspect des mystères que Dieu veut bien lui communiquer. Mon état de faiblesse, d'hésitation et de doute, tient à ce que je ne remplis qu'imparfaitement mes devoirs; voilà pourquoi je cache mes imperfections durant le jour, en me dérobant aux regards. Mais lorsque la nuit enveloppe la terre de ses ombres, je parle en secret et avec humilité à mon amie, qui, touchée de ma misère, daigne me retirer généreusement de l'état d'abjection où je suis plongée. La première marque de bonté que cette céleste maîtresse m'a donnée et la première faveur qu'elle a accordée à mes humbles prières, c'est de m'avoir assigné la nuit pour le temps du plus doux tête-à-tête, en me permettant de me réunir alors à ses amans, et d'élever mes regards vers elle. Aussi, lorsque ces précieux instans sont passés, fermé-je les yeux pour ne point voir mes rivaux. Il est d'ailleurs bien juste que celui qui a veillé durant la nuit, dorme pendant le jour; et ce serait un crime pour un œil qui a joui de la vision divine, de se tourner vers un autre objet.

VERS.

Un cœur qui se consume d'amour pour sa céleste amie, ne doit palpiter pour aucune autre maîtresse. Pourrais-tu aimer cette beauté divine, et adresser ensuite des vœux à une autre qu'elle! ne sais-tu donc pas que seule dans le monde elle est digne d'être aimée! Mon frère, puisque celle que tu aimes est incomparable, et si tu l'aimes véritablement, sois sans égal dans ton amour.

ALLÉGORIE XXIII.

LE COQ.

Ceux qui jouissent des faveurs particulières de Dieu, me dis-je alors à moi-même, sont les vrais heureux ; ceux dont l'occupation est la prière, méritent d'être distingués des autres, et il est impossible que les indifférens s'approchent jamais de cette divine maîtresse. J'étais dans ces réflexions, lorsque le coq m'adressa ces paroles : Combien de fois ne t'appelé-je point à remplir les devoirs religieux, tandis que tu es dans l'aveuglement des passions et dans l'illusion des sens ! Je me suis engagé à faire l'annonce de la prière, réveillant ainsi ceux qui sont plongés dans un sommeil si profond qu'ils paraissent comme morts, et réjouissant ceux qui invoquent leur Dieu avec humilité et avec crainte. Tu peux observer dans mes actions des allégories charmantes : le battement de mes ailes indique qu'il faut se lever pour faire la prière, et l'éclat de ma voix sert à réveiller ceux qui sont endormis ; j'agite mes ailes pour annoncer le bonheur, et fais entendre mon chant pour appeler au temple du salut. Si la chauve-souris s'est chargée de l'emploi de la nuit, elle dort tout le jour du sommeil le plus profond, en se dérobant par crainte aux regards des hommes : quant à moi, je ne cesse, ni le jour ni la nuit, d'exercer les fonctions de mon ministère, et je ne m'en dispense ni publiquement ni en secret. Je partage les devoirs du service de Dieu entre les différentes heures de la journée, et il ne s'en passe aucune que je n'aie une obligation religieuse à remplir : c'est moi qui te fais connaître les heures fixées pour la prière ; aussi, puis-je dire qu'on ne m'acheterait pas ce que je vaux, quand même on donnerait de moi mon poids en rubis. En outre, plein de tendresse pour mes petits, je suis toujours auprès d'eux ; et au milieu des poules, l'amour est le seul objet qui m'occupe. Me conformant aux règles d'une affection véritable, je ne prends jamais sans mes compagnes le moindre aliment ni la moindre boisson : si je vois un grain, loin de m'en emparer, je le leur fais apercevoir et les engage à en faire leur nourriture ; comme aussi je les invite à manger, lorsque je sens l'odeur de ce qu'on a préparé pour nous. Du reste, obéissant aux gens de la maison, je supporte avec patience ce qu'ils me font souffrir : je suis leur tendre ami, et ils ont la cruauté d'immoler mes petits ; j'agis pour leur utilité, et ils m'enlèvent mes fidèles suivantes. Tels sont mes qualités et mon bon naturel. D'ailleurs, Dieu me suffit.

VERS.

Invoque Dieu, et tu seras à l'abri de toute crainte; espère en lui, et tu trouveras le bonheur. Mais, hélas! quel est celui qui prête une oreille attentive à ce que je dis, qui sait en saisir le véritable sens et le graver dans sa mémoire!

ALLÉGORIE XXIV.

LE CANARD.

Le canard, en se jouant dans l'eau, adressa bientôt après la parole au coq : O toi dont les pensées sont viles et rampantes, lui dit-il, tu ne saurais t'élever dans l'air comme le reste des oiseaux, ni te conserver en évitant le malheur; tu es comme un mort qui ne peut parcourir la terre, et ton séjour constant dans un même lieu est la seule cause de tes maux. La bassesse de tes inclinations te fait rechercher les ordures; et, satisfait de recueillir la rosée, tu laisses la pluie abondante. Ignores-tu donc que celui qui ne voyage pas, ne saurait obtenir des bénéfices dans son négoce, et que celui qui reste sur la grève, ne recueillera jamais des perles! Si ton mérite spirituel était plus réel, si ta foi était plus vive, tu volerais dans l'atmosphère et tu te soutiendrais sur l'onde. Vois comment, maître de mes desirs, et disposant de l'air et de l'eau, je marche sur la terre, je nage sur les flots roulans, et je vole librement dans les régions éthérées. C'est sur-tout la mer qui est le siége de ma puissance et la mine de mon trésor : je m'élance dans son onde limpide et transparente ; je découvre les perles précieuses qu'elle recèle, et je pénètre les mystères et les merveilles de Dieu. Celui-là seul connaît ces choses, qui s'y applique sérieusement ; mais l'indifférent qui demeure sur le rivage, ne peut prétendre qu'à l'écume amère. Celui qui, en se plongeant dans cet océan, ne réfléchira pas à sa profondeur incalculable, sera submergé dans ses gouffres, par le choc impétueux des flots. L'homme prédestiné au bonheur monte l'esquif de la bienveillance de sa divine amie, déploie les voiles de ses supplications, les orientant de manière à recevoir le souffle du zéphyr protecteur; et après avoir franchi les ténèbres épaisses qui cachent les mystères, il fixe enfin le câble de l'espérance, par le moyen des attractions de la divinité, au confluent des deux mers de l'essence et des attributs, et parvient ainsi à la source même de l'existence, où il s'abreuve d'une eau plus douce que le miel le plus pur.

VERS.

O toi qui veux parvenir aux plus hauts degrés du spiritualisme, tu acquerras difficilement cette perfection à laquelle tu aspires. Si tu avances, tu seras bientôt obligé de te soumettre à l'anéantissement le plus complet, à cet anéantissement qui ne peut devenir doux que pour ceux à qui Dieu a donné une idée de ce qu'il réserve à ses favoris. La pointe des piques défend l'approche de cette céleste maîtresse : telles sont ces citadelles élevées, autour desquelles les lances rembrunies forment un rempart redoutable. Avant de goûter la douceur du miel, il faut endurer une piqûre aussi cuisante que la blessure des flèches.. Que de gens d'une naissance illustre errent autour de cet asyle sacré! Ils supportent avec patience les peines amères attachées à leur noble passion; ils jeûnent, ils passent les nuits obscures en humbles prières; la violence du desir anéantit leur esprit, une ardeur brûlante consume leur corps : mais, hélas! le divin amour n'aperçoit encore dans leur cœur qu'un vide affreux. Renonce donc aux demeures des braves qui ont vaincu généreusement leurs passions, si tu ne peux vaincre les tiennes.

ALLÉGORIE XXV.

L'ABEILLE.

Quelle prétention! s'écria aussitôt l'abeille. Ce que le canard a dit de ses courses n'est point vrai, et cet oiseau en a imposé. L'homme vraiment religieux est bien différent; son mérite paraît d'une manière évidente, sans qu'il affecte aucune jactance, et la pureté de son intérieur se manifeste par ses actions les plus secrètes : d'ailleurs, celui qui ne s'enorgueillit point, quelque droit qu'il en ait, ajoute le plus grand prix à son mérite. Ne dis donc jamais une parole que ton action démente, et n'élève pas un fils que ta race renierait. Sache connaître le prix des mets sains et légers et des boissons pures et naturelles : vois, en effet, comme ma dignité augmente et s'accroît, et comme mon mérite se perfectionne, lorsque je suis à portée de prendre une nourriture excellente et de me désaltérer dans une eau limpide. Dieu aurait-il daigné m'inspirer, comme le Prophète l'assure dans le Coran, si je ne me fusse nourrie de mets permis ; si je ne me fusse attachée aux qualités les plus nobles, pour marcher ensuite avec humilité, ainsi que les amis de Dieu, dans la voie du Seigneur, et le remercier de ses bienfaits ! Je construis ma ruche dans les collines; je me nourris de ce qu'on peut prendre sans endommager les arbres, et de ce qu'on peut manger sans le moindre scrupule. Aucun architecte ne pourrait imiter la construction de ma cellule ; Euclide lui-même admirerait la forme régulière de mes alvéoles hexagones. Je me pose sur les fleurs et sur les fruits ; et sans jamais manger aucun fruit ni gâter aucune fleur, j'en retire seulement une substance aussi légère que la rosée; contente de ce faible butin, je reviens ensuite à ma ruche. Là, faisant trêve à mon travail, je me livre alors à mes réflexions, et, dans mes prières, j'offre constamment à Dieu le tribut de ma reconnaissance. Instruite par l'inspiration divine, je m'abandonne, dans mes travaux, à la grâce qui m'a été prédestinée; ma cire et mon miel sont le produit de ma science et de mon travail réunis. La cire est le résultat des peines que je me donne; le miel est le fruit de ce qu'on m'a enseigné : la cire éclaire; le miel guérit : les uns recherchent la lumière que ma cire procure, les autres le remède salutaire que leur offre la douceur de mon miel ; mais je n'accorde aux premiers l'utilité qu'ils desirent, qu'après leur avoir fait sentir l'amertume de mon aiguillon, et je ne donne mon miel aux seconds, qu'après leur avoir opposé une résistance vigoureuse. Si l'on veut m'arracher de force mes trésors, je les défends avec ardeur contre les attaques, au péril même de ma vie, en me disant : Courage, ô mon ame ! J'adresse ensuite ces mots à celui qui veut me faire sortir du jardin que j'habite : Suppôt d'enfer, pourquoi viens-tu me tourmenter !

Si tu recherches les allégories, ma situation t'en offre une bien instructive : réfléchis que tu ne peux jouir de mes faveurs, qu'en souffrant avec patience la blessure de mon aiguillon.

VERS.

Supporte l'amertume de mes dédains, toi qui desires t'unir à moi ; ne pense qu'à mon amour, et laisse celui qui follement voudrait t'éloigner de moi et oserait insulter à ta peine. Si tu veux vivre de cette vie spirituelle que tu ambitionnes, sache mourir en devançant l'heure fixée par le destin. Qu'elle est difficile, la voie étroite de l'amour ! pour s'y engager, il faut briser tous les liens qui nous retiennent au monde. Mais ces peines qui paraissent si amères, sont cependant douces, et l'amour rend léger ce qu'il y a de plus pesant.

Si tu tends au même but que nous, sache saisir les allégories qui te sont offertes : si tu les comprends, avance ; sinon, reste où tu es.

ALLÉGORIE XXVI.

LA BOUGIE.

La bougie, en proie à la douleur que lui faisait ressentir un feu dévorant, répandait des larmes en abondance et faisait entendre des plaintes douloureuses. A ces gémissemens, l'abeille, touchée de compassion, prêta une oreille attentive, et la bougie lui adressa ces paroles : Pourquoi faut-il que la fortune contraire m'éloigne à jamais de toi qui es ma mère, puisque je te dois l'existence, et qui es ma cause, puisque je suis ton effet. Hélas ! on employa le feu pour nous arracher de ta demeure, moi et le miel mon frère et mon compagnon. J'étais avec lui dans un même asyle ; la flamme vint nous en chasser, et, détruisant l'alliance qui nous unissait, mettre entre nous un immense intervalle. Mais ce n'était pas encore assez de cette cruelle séparation ! on me livre de nouveau à la violence du feu ; et, quoique je ne sois pas criminelle, mon cœur est brûlé, et mon corps est dans l'esclavage. A la lueur que je produis en avançant vers ma destruction, les amans se familiarisent, et les sofis se livrent à leurs méditations. Répandre ma lumière, brûler, verser des larmes, voilà mon sort. Toujours disposée à servir, et supportant avec patience le mal et la peine, je me consume pour éclairer les autres, et je me tourmente moi-même pour les faire jouir des avantages que je possède. Comment pourrait-on donc me reprocher avec raison ma pâleur et mes larmes! Ce n'est pas tout : des nuées de papillons veulent éteindre ma flamme et faire disparaître ma clarté. Irritée, je les brûle pour les punir de leur audace; car on sait que le mal retombe sur son auteur. Du reste, quand les papillons rempliraient la terre, je ne les redouterais pas ; de même que les gens sans principes, le monde en fourmillât-il, ne parviendraient pas à obscurcir le flambeau de la foi. Leurs bouches sacriléges essaient d'étouffer cette lumière sacrée, mais le miséricordieux par excellence ne le permettra jamais. Voilà une énigme qui se changera en démonstration pour celui qui saura la pénétrer.

VERS.

Lumière de ma vie, quelle clarté n'ai-je pas reçue de toi ! Que je sois dans le vrai chemin, ou que je m'égare, tout vient de ta main bénie et adorée. Le censeur ne pourra jamais me taxer de fausseté à ton égard ; aucun vent n'éteindra la lumière divine dont tu m'éclaires.

ALLÉGORIE XXVII.

LE PAPILLON.

Alors le papillon, à demi consumé par la flamme, se débattant et se retournant en tout sens sur le tapis, se plaignit amèrement à la bougie, en ces termes : Se peut-il qu'au moment où, livrant mon cœur à ton amour, je ne dirige mes vœux que vers toi, tu me traites comme un ennemi ! Qui t'a donné le droit de m'ôter la vie ! qui t'a excitée à me faire périr, moi ton amant sincère, moi ton ami le plus tendre ! Je supporte avec patience l'ardeur de ta flamme, et seul, entre tous tes amans, j'ose braver la mort : mais, dis-moi, as-tu jamais vu une amie qui se plaise à tourmenter son ami, un médecin qui cherche à aggraver les souffrances de son malade! Quoi! je t'aime, et tu me fais du mal! je m'approche de toi, et tu me perces de tes rayons embrasés : cependant, bien loin de diminuer mon amour, tes mauvais traitemens ne font que l'augmenter, et je me précipite vers toi, tout abject que je suis, emporté par le desir de voir notre union consommée; mais tu me repousses avec cruauté, tu déchires le tissu de gaze de mes ailes. Non, jamais un amant n'a rien éprouvé de pareil; jamais il n'a enduré ce que j'endure : et malgré tant de rigueurs, c'est toi seule que j'aime, toi seule que j'adore. N'ai-je donc pas assez des maux que je souffre, sans que tu me fasses encore des reproches que je ne mérite point.

VERS.

Je venais me plaindre des tourmens de mon cœur à ma maîtresse, et, au lieu de les soulager, elle me repousse loin d'elle avec les verges du châtiment. Ainsi le papillon demande à s'unir à son amie, et elle ne lui répond qu'en l'enveloppant de flammes dévorantes : il tombe auprès de la cruelle, succombant aux atteintes du feu et plongé dans l'abyme de la tristesse. Je me promettais de jouir d'un instant de volupté, mais je ne pensais pas aux peines amères de l'amour. Se consumer de desir et d'ardeur, telle est la loi que doivent subir les amans.

Lorsque le papillon eut exprimé le sujet de sa douleur, et qu'il se fut plaint de ses afflictions et de ses peines, la bougie, touchée de compassion, lui adressa ces paroles : Véritable amant, ne te hâte pas de me condamner ; car j'endure les mêmes tourmens que toi, les mêmes peines, les mêmes rigueurs. Écoute l'histoire la plus extraordinaire, et prends pitié de la douleur la plus violente. Qu'un amant se consume, rien d'étonnant ; mais qu'une maîtresse éprouve le même sort, voilà ce qui doit surprendre. Le feu m'aime, et ses soupirs enflammés me brûlent et me liquéfient ; il veut se rapprocher de moi, et il me dévore : il prétend à mon amour, il veut s'unir à moi ; mais, dès que ses desirs sont accomplis, il ne peut exister qu'en me détruisant. Il est étrange sans doute qu'une maîtresse périsse, et que son amant lui survive ; qu'un amant soit en possession du bonheur, et que sa maîtresse soit malheureuse.

O toi, lui répondit le feu, qui, toute interdite au milieu des rayons de ma clarté, es tourmentée par ma flamme, pourquoi te plaindre, puisque tu jouis du doux instant de l'union ! Heureux celui qui boit, tandis que je suis son échanson ! heureuse la vie de celui qui, consumé par ma flamme immortelle, meurt à lui-même, pour obéir aux lois de l'amour.

VERS.

Je dis à une bougie qui m'éclairait, tandis que la nuit étendait son voile lugubre sur la terre : Mon cœur s'attendrit facilement sur le sort de mes amis, et lorsque je vois répandre des larmes, je ne puis m'empêcher de pleurer. Avant de blâmer ma tristesse, écoute, me dit-elle, l'exposition détaillée de mon histoire. Si l'aveugle fortune t'a déjà fait éprouver le chagrin, sache qu'elle m'a privée de mon frère, d'un frère doué de propriétés salutaires et d'une saveur douce et pure. Tes yeux se mouillent de larmes, en pensant à cette beauté dont les lèvres sont aussi douces et dont la bouche distille une liqueur semblable ; je m'aperçois de ton chagrin. Pourquoi ne veux-tu pas que je sois affligée d'avoir perdu mon frère ! ne serais-je pas blâmable, au contraire, si j'épargnais mes larmes ! C'est le feu qui m'a séparée de ce frère chéri, et c'est par le feu que j'ai juré de terminer mon existence.

ALLÉGORIE XXVIII.

LE CORBEAU.

J'ÉCOUTAIS encore le discours de la bougie, me livrant en même temps aux idées voluptueuses qu'elle m'avait rappelées, lorsque j'entendis le croassement lugubre d'un corbeau qui, entouré de ses amis, annonçait la fatale séparation. Couvert d'un habit de deuil, et seul, au milieu des hommes, vêtu de noir, il gémissait comme celui qui est dans le malheur, et déplorait sa douleur cruelle. O toi, qui ne fais que te lamenter, lui dis-je alors, ton cri importun vient troubler ce qu'il y a de plus pur et rendre amer ce qu'il y a de plus doux: pourquoi ne cesses-tu, dès le matin, d'exciter à la séparation, en t'adressant aux campemens printaniers! Si tu vois un bonheur parfait, tu proclames sa fin prochaine ; si tu aperçois un château magnifique, tu annonces que des ruines vont bientôt lui succéder : tu es de plus mauvais augure que Cacher, pour celui qui se livre aux douceurs de la société, et plus sinistre que Jader, pour l'homme prudent et réfléchi.

Le corbeau, prenant alors, pour se défendre, le langage éloquent et expressif de sa situation : Malheureux, me dit-il, tu ne distingues pas le bien d'avec le mal; ton ennemi et ton ami sincère sont égaux à tes yeux; tu ne comprends ni l'allégorie, ni la réalité; les avis que l'on te donne sont pour toi comme le vent qui souffle aux oreilles, et les paroles du sage sont à l'ouïe de tes passions comme l'aboiement du chien. Eh quoi, tu ne réfléchis donc pas à ton départ prochain de la vaste surface de la terre pour les ténèbres du tombeau et pour le réduit étroit du sépulcre! tu ne penses pas à l'accident qui causa au père des hommes des regrets si cuisans; aux prédications de Noé sur ce séjour où personne ne jouit d'un instant de repos; à l'état d'Abraham, l'ami de Dieu, au milieu des flammes où l'avait fait jeter Nemrod! Tu ne sais point te régler sur les exemples instructifs que t'offrent la patience d'Ismaël, sur le point d'être immolé par son père; la pénitence de David, qui pleura son crime si amèrement; la piété exemplaire et l'abnégation du Messie! Ignores-tu que le bonheur le plus parfait a un terme, et que la volupté la plus pure s'évanouit; que la paix s'altère, et que la douceur devient amertume! Quel est l'espoir que la mort ne détruise, la prudence que le destin ne rende vaine! Le messager du bonheur n'est-il pas suivi de près par celui du malheur! ce qui est facile ne devient-il pas difficile! Où trouve-t-on une situation immuable! quel est l'homme qui ne passe point! quelle est la fortune qui reste dans les mains de celui qui la possède! Que sont devenus ce vieillard dont la longue vie étonnait, cet heureux mortel qui nageait dans l'opulence, cette beauté au teint de roses et de lis! La mort ne vient-elle pas retrancher les hommes, les uns après les autres, du nombre des vivans! ne met-elle pas au même niveau, dans la poussière, le vil esclave et le maître superbe! L'inspiration divine n'a-t-elle pas fait entendre au voluptueux, plongé dans le sein du plaisir, ces mots du Coran, où Dieu dit à Mahomet. *Annonce que la jouissance de ce monde est peu de chose!* Pourquoi donc censurer mon gémissement et prendre à mauvais augure mon croassement plaintif, soit au lever de l'aurore, soit aux approches de la nuit! Si tu connaissais ton bonheur véritable comme je connais le mien, ô toi qui blâmes ma conduite, tu n'hésiterais pas à te couvrir comme moi d'un vêtement noir, et tu me répondrais en tout temps par des lamentations : mais les plaisirs occupent tous tes momens; ta vanité et ton amour-propre te retiennent. Pour moi, j'avertis le voyageur que les lieux où il s'arrête seront bientôt ravagés; je prémunis celui qui mange, contre les mets nuisibles du monde, et j'annonce au pélerin qu'il approche du terme. Ton ami sincère est celui qui te parle avec franchise, et non celui qui te croit sur parole; c'est celui qui te réprimande, et non celui qui t'excuse; c'est celui qui t'enseigne la vérité, et non celui qui venge tes injures : car quiconque t'adresse des remontrances, réveille en toi la vertu lorsqu'elle s'est endormie; et en t'inspirant des craintes salutaires, il te fait tenir sur tes gardes. Quant à moi, par la couleur obscure de mes ailes et par mes gémissemens prophétiques, j'ai voulu produire sur ton esprit les mêmes impressions; je t'ai fait même entendre mon cri dans les cercles de la société. Mais on peut m'appliquer ce proverbe : *Tu parles à un mort.*

VERS.

Je pleure sur la vie fugitive qui m'échappe, et j'ai sujet de faire entendre des plaintes : je ne puis m'empêcher de gémir toutes les fois que j'aperçois une caravane dont le conducteur accélère la marche. Les gens peu réfléchis me censurent sur mes habits de deuil; mais je leur dis : C'est précisément par ce langage emblématique que je m'efforce de vous instruire; je suis semblable au khathib, et ce n'est pas une chose nouvelle que les khathibs soient vêtus de noir. Tu me verras, à l'aspect d'un campement printanier, annoncer dans chaque vallée qu'il changera bientôt de place, et gémir ensuite sur les vestiges à demi effacés, me plaignant de la cruelle absence. Mais ce ne sont que des objets muets et inanimés qui répondent à ma voix. O toi qui as l'oreille dure, réveille-toi enfin, et comprends ce qu'indique la nuée matinale: il n'y a personne sur la terre qui ne doive s'efforcer d'entrevoir quelque chose du monde invisible. Souviens-toi que tous les hommes sont appelés plus tôt ou plus tard. Je me serais fait entendre, si j'eusse adressé la parole à un être vivant; mais, hélas! celui à qui je parle, est un mort.

ALLÉGORIE XXIX.

LA HUPPE.

APRÈS que le corbeau fut venu troubler les heureux momens que je passais dans ce jardin, et qu'il m'eut engagé à me tenir en garde contre la haine que je pourrais m'attirer, je cessai de faire attention aux rians objets qui m'environnaient, et je retournai à la solitude de mes pensées: alors une douce rêverie s'étant emparée de moi, je me sentis comme inspiré, et je crus entendre distinctement ces paroles: O toi qui écoutes le langage énigmatique des oiseaux, et qui te plains que le bonheur semble te fuir, sache que, si le cœur était attentif à s'instruire, l'intelligence pénétrerait le sens des allégories; le pélerin de ce monde demeurerait dans la voie, et celui que les plaisirs éblouissent, ne s'égarerait pas. Si l'esprit était bon, il pourrait apercevoir les signes de la vérité; si la conscience savait comprendre, elle apprendrait sans peine les bonnes nouvelles; si l'ame s'ouvrait aux influences mystiques, elle recevrait des lumières surnaturelles; si l'on savait écarter le voile, l'objet caché se montrerait; si l'intérieur était pur, les mystères des choses invisibles paraîtraient à découvert, et la divine maîtresse se laisserait voir. Si tu t'éloignais des choses du monde, la porte du spiritualisme s'ouvrirait pour toi; si tu te dépouillais du vêtement de l'amour-propre, il n'existerait pour toi aucun obstacle; si tu fuyais le monde de l'erreur, tu verrais le monde spirituel; si tu coupais les liens qui t'attachent aux plaisirs des sens, les vérités dogmatiques se montreraient à toi sans nuages; et si tu réformais tes mœurs, tu ne serais point privé de l'aliment divin. Si tu renonçais à tes desirs, tu parviendrais au plus haut degré de la vie contemplative; si tu subjuguais tes passions, Dieu te rapprocherait de lui; il te réunirait à lui, si, pour lui plaire, tu te séparais de ton père; enfin si tu renonçais à toi-même, tu trouverais auprès de la divinité la plus douce des demeures. Mais, bien loin de là, captif dans le cachot de tes inclinations, enchaîné par tes habitudes, esclave des voluptés, soumis aux illusions des sens, tu es retenu par la froideur de ta détermination, tandis que le feu de la cupidité te consume, et que l'excès d'une joie insensée t'accable. Une langueur funeste t'aveugle ; les impulsions d'un amour déréglé t'enflamment le sang ; ta faible volonté ne forme que des résolutions tièdes, et ne se livre qu'à des pensées glacées ; ton esprit corrompu te jette dans un état d'hésitation pénible, et ton jugement vicieux te fait paraître mauvais ce qui est bon, et bon ce qui est mauvais.

Tu devrais entrer dans l'hôpital de la piété, et, présentant le vase de l'affliction, exposer le récit de tes souffrances à ce médecin qui connaît ce qu'on tient secret et ce qu'on lui découvre. Tu devrais tendre vers lui le poignet de ta soif brûlante, pour qu'il tâtât le pouls de ta maladie, qu'il examinât la nature de ta fièvre, et qu'après avoir connu exactement ta situation malheureuse, il te livrât à celui qui est chargé d'infliger les peines de la loi, lequel te lierait avec les liens de la crainte, te frapperait avec les verges de l'indécision et de la futurition, en te rafraîchissant en même temps avec l'éventail de l'espérance ; te garderait ensuite dans le sanctuaire de la protection, et écrirait sur le cahier de ton traitement le rétablissement de ta santé. Il préparerait pour toi le myrobalan du refuge, la violette de l'espoir, la scammonée de la confiance, le tamarin de la direction, la jujube de la sollicitude, la sébeste de la correction, la prune de la sincérité et la casse du libre arbitre ; il concasserait le tout sur la terre de l'acceptation, le pilerait dans le mortier de la patience, le tamiserait dans le tamis de l'humilité, le dépurerait par le sucre de l'action de grâces, et t'administrerait ensuite ce médicament, après la veille nocturne, dans la solitude du matin, en présence du médecin spirituel, en tête-à-tête avec la divine amie, à l'insu du rival jaloux, pour voir si ton agitation s'apaiserait, si la chaleur de tes passions se refroidirait, si ton cœur, que les voluptés t'avaient arraché, pourrait reprendre sa place, si ton tempérament acquerrait ce degré d'équilibre qui constitue la santé spirituelle ; si ton oreille pourrait s'ouvrir au langage mystique, et entendre ces douces paroles, Quelqu'un demande-t-il quelque chose ! je suis prêt à l'exaucer ; pour voir enfin si ta vue intérieure ferait des efforts afin d'être éclairée, et si tu serais capable de contempler les choses extraordinaires et merveilleuses du spiritualisme.

Considère la huppe : lorsque sa conduite est

régulière et que son cœur est pur, sa vue perçante pénètre dans les entrailles de la terre, et y découvre ce qui est caché aux yeux des autres êtres; elle aperçoit l'eau qui y coule, comme tu pourrais la voir au travers d'un cristal; et, guidée par l'excellence de son goût et par sa véracité, Voici, dit-elle, de l'eau douce, et en voilà qui est amère. Elle ajoute ensuite : Je puis me vanter de posséder, dans le petit volume de mon corps, ce que Salomon n'a jamais possédé, lui à qui Dieu avait accordé un royaume comme personne n'en a jamais eu ; je veux parler de la science que Dieu m'a départie, science dont jamais ni Salomon, ni aucun des siens, n'ont été doués. Je suivais par-tout ce grand monarque, soit qu'il marchât lentement, soit qu'il hâtât le pas, et je lui indiquais les lieux où il y avait de l'eau sous terre. Mais un jour je disparus tout à coup, et, durant mon absence, il perdit son pouvoir : alors s'adressant à ses courtisans et aux gens de sa suite, Je ne vois pas la huppe, leur dit-il ; s'est-elle éloignée de moi! S'il en est ainsi, je lui ferai souffrir un tourment violent, et peut-être l'immolerai-je à ma vengeance, à moins qu'elle ne me donne une excuse légitime. (Ce qu'il y a de remarquable, c'est qu'il ne s'informa de moi que lorsqu'il eut besoin de mon secours.) Puis voulant faire sentir l'étendue de son autorité, il répéta les mêmes mots : Je la punirai ; que dis-je! je l'immolerai. Mais le Destin disait : Je la dirigerai vers toi, je la conduirai moi-même. Lorsque je vins ensuite de Saba, chargée d'une commission pour ce roi puissant, et que je lui dis, Je sais ce que tu ne sais pas, cela augmenta sa colère contre moi, et il s'écria : Toi qui, dans la petitesse de ton corps, renfermes tant de malice, non contente de m'avoir mis en colère, en t'éloignant ainsi de ma présence, tu prétends encore être plus savante que moi! Grâce, lui dis-je, ô Salomon! je reconnais que tu as demandé un empire tel qu'aucun souverain n'en aura jamais de semblable; mais tu dois avouer aussi que tu n'as pas de même demandé une science à laquelle personne ne pût atteindre : je t'ai apporté de Saba une nouvelle que tous les savans ignorent. O huppe, dit-il alors, on peut confier les secrets des rois à celui qui sait se conduire avec prudence; porte donc ma lettre. Je m'empressai de le faire, et je me hâtai d'en rapporter la réponse. Il me combla alors de ses faveurs; il me mit au nombre de ses amis, et je pris rang parmi les gardiens du rideau qui couvrait sa porte, tandis qu'auparavant je n'osais en approcher : pour m'honorer, il me plaça ensuite une couronne sur la tête, et cet ornement ne sert pas peu à m'embellir. D'après cela, la mention de mon immolation a été abrogée, et les versets où il est question de ma louange ont été lus.

Pour toi, si tu es capable d'apprécier mes avis, rectifie ta conduite, purifie ta conscience, redresse ton naturel, crains celui qui t'a tiré du néant, profite des leçons instructives qu'il te donne, quand même il se servirait, pour le faire, du ministère des animaux; et crois que celui qui ne sait pas tirer un sens allégorique du cri aigre de la porte, du bourdonnement de la mouche, de l'aboiement du chien, du mouvement des insectes qui s'agitent dans la poussière; que celui qui ne sait pas comprendre ce qu'indiquent la marche de la nue, la lueur du mirage, la teinte du brouillard, n'est pas du nombre des gens intelligens.

VERS.

Tu es plus douce à mes yeux que le souffle du zéphyr qui erre la nuit dans les jardins : la moindre idée me trouble et m'agite ; chaque objet agréable me semble être une coupe où j'aperçois tes traits adorés, et dans chaque son je crois entendre ta voix chérie.

G

ALLÉGORIE XXX.

LE CHIEN.

Tandis que j'étais plongé dans le charme de la conversation des oiseaux, et que j'attendais la réponse qu'ils feraient à la huppe, un chien, qui était près de la porte, m'adressa ces mots, tout en recueillant des miettes de pain parmi les ordures : O toi qui n'a pas encore soulevé le voile du mystère ; toi qui, tout entier aux choses du monde, ne peux t'élever à la cause première ; toi qui traînes avec pompe la robe de l'amour-propre, imite mes nobles actions, prends mes qualités recommandables, et, sans t'arrêter à l'infériorité de mon rang, écoute ce que je vais te dire de la sagesse de ma conduite. A ne me considérer qu'à l'extérieur, je serai à tes yeux un objet de mépris ; mais pour peu que tu m'examines, tu verras que je suis un vrai faquir. Toujours à la porte de mes maîtres, je ne recherche pas une place plus distinguée ; sans cesse avec les hommes, je ne change point de manière d'agir : on me chasse, et je reviens ; on me frappe, et je ne garde jamais de rancune ; mon amitié est toujours la même, et ma fidélité est à toute épreuve. Je veille, lorsque les hommes sont plongés dans le sommeil, et je fais une garde exacte quand la table est servie. On ne m'assigne cependant ni salaire, ni nourriture, ni même un logement, encore moins une place distinguée. Je témoigne de la reconnaissance lorsqu'on me donne; je suis patient lorsqu'on me repousse; et l'on ne me voit nulle part me plaindre, ni pleurer sur les mauvais traitemens que j'éprouve. Si je suis malade, personne ne vient me visiter; si je meurs, on ne me porte point dans un cercueil; si je quitte un lieu pour me rendre dans un autre, on ne me munit d'aucune provision; et je n'ai ni argent dont on puisse hériter, ni champ qu'on puisse labourer. Si je m'absente, on ne desire pas mon retour; les enfans eux-mêmes ne me regrettent point; personne ne verse une larme; et si l'on me retrouve, on ne me regarde pas. Cependant je fais sans cesse la garde autour de la demeure des hommes, et je leur suis constamment fidèle. Obligé de rester sur les ordures qui sont auprès de leurs portes, je me contente du peu que je reçois, à défaut des bienfaits dont je devrais être comblé. Si mes mœurs te plaisent, suis mon exemple, et conforme-toi à ma conduite; et si tu veux m'imiter, règle ta vie sur la mienne.

VERS.

Apprends de moi comment il faut remplir les devoirs de l'amitié, et, à mon exemple, sache t'élever aux vertus les plus nobles. Je ne suis qu'un animal vil et méprisé; mais mon cœur est exempt de vices. J'ai coutume de garder les habitans du quartier où je me trouve, sur-tout durant la nuit. Toujours patient, et reconnaissant même, de quelque manière que l'on me traite, je ne me plains jamais des injustices des hommes à mon égard, et je me contente de mettre toute ma confiance en Dieu seul. Malgré ces habitudes précieuses, personne ne fait attention à moi, soit qu'une faim cruelle me fasse expirer, ou que l'infortune m'abreuve de la coupe amère de la peine et de la douleur. Du reste, j'aime mieux supporter les mauvais traitemens que j'éprouve, que de perdre ma propre estime et de m'avilir à demander. Oui, je ne crains pas de le dire, mes qualités, malgré le peu de considération dont je jouis, l'emportent sur celles des autres animaux.

ALLÉGORIE XXXI.

LE CHAMEAU.

Toi qui desires marcher dans le chemin qui conduit au palais des rois, dit alors le chameau, si tu as pris du chien des leçons d'abstinence et de pauvreté volontaire, je veux t'en donner, actuellement, de fermeté et de patience. Celui, en effet, qui se décide à embrasser la pauvreté volontaire, doit s'appliquer aussi à acquérir la patience; car le pauvre doué de cette vertu a droit d'être compté au nombre des riches.

Chargé de pesans fardeaux, j'achève les traites les plus longues, j'affronte les dangers du désert et je souffre avec patience les traitemens les plus durs, sans que rien me décourage jamais. Je ne me précipite point dans ma marche comme un insensé, mais je me laisse conduire même par un jeune enfant, tandis que, si je le voulais, je pourrais résister à l'homme le plus robuste. Doux et obéissant par caractère, je porte les fardeaux et les bagages divisés en deux parties égales. Je ne suis ni perfide ni facile à me rebuter : ayant réussi à vaincre tout obstacle, je n'en suis pas plus présomptueux; et les difficultés ne me font point rebrousser chemin. Je m'enfonce hardiment dans les routes fangeuses et glissantes, où les voyageurs les plus intrépides eux-mêmes craindraient de s'engager. Je souffre avec constance la soif ardente du midi, et je ne m'écarte jamais de la ligne qui m'est tracée. Après avoir rempli mon devoir envers mon maître, et être arrivé au terme de ma course, je rejette mon licou sur mon dos, et je vais dans les champs, prenant pour ma nourriture ce qui appartient au premier venu et dont on peut s'emparer sans le moindre scrupule : mais si tout-à-coup j'entends la voix du chamelier, je lui livre de nouveau ma bride, en m'interdisant la jouissance du sommeil, et portant le cou en avant, comme pour parvenir plutôt à mon but. Si je m'égare, mon conducteur me dirige ; si je fais un faux pas, il vient à mon secours ; si j'ai soif, le nom de mon amie est mon eau et ma nourriture. Destiné au service de l'homme, d'après ce passage du Coran où Dieu dit, *Il porte vos fardeaux*, je ne cesse pas d'être en voyage ou sur pied, jusqu'à ce que je parvienne au point où finit le pélerinage de la vie.

VERS.

O Saad ! si tu viens dans ces lieux, interroge un cœur qui a pénétré dans l'asyle inviolable où demeure cet objet ravissant; et si tes yeux aperçoivent au loin ce tertre sablonneux, souviens-toi de cet amant passionné que trouble et agite l'amour le plus tendre.

Chameaux, quand nous verrons Médine, arrêtez-vous.... Ne quittons plus cette enceinte sacrée. Mais quoi ! lorsque la vallée d'Alakik paraît devant eux, ils s'éloignent en imitant la marche balancée de l'autruche.

Mon frère, verse avec moi des pleurs de desir pour cette beauté dont le visage ravissant couvre de confusion la pleine lune; et ne manque pas de dire, quand tu seras dans ce jardin béni : Habitant de la tribu, je te salue.

ALLÉGORIE XXXII.

LE CHEVAL.

O TOI qui es devenu faquir par les leçons que t'a données le chien, et patient par celles que t'a données le chameau, dit ensuite le cheval, si tu desires connaître le sentier qui mène aux actions glorieuses, je t'apprendrai, à mon tour, en quoi consistent les choses distinguées, et ce qui constitue le véritable emploi des efforts pour obtenir le succès. Vois comment, le dos chargé de celui qui m'accable d'injures, je m'élance, dans ma course, avec autant de rapidité que l'oiseau dans son vol, que la nuit lorsqu'elle étend son voile lugubre sur la terre, que le torrent fugitif. Si mon cavalier est celui qui poursuit, il atteindra facilement par mon secours l'objet qu'il desire; s'il est poursuivi, au contraire, j'empêche alors qu'on ne le joigne, et mon galop précipité le soustrait à son adversaire, qui, atteignant à peine la poussière que mes pieds lui rejettent, me perd bientôt de vue, et ne peut plus s'en tenir qu'à ce qu'il entend dire de moi. Si la patience du chameau est éprouvée, ma reconnaissance pour les bontés qu'on m'accorde est connue: le chameau parvient à la vérité au but qu'il se propose; pour moi je suis toujours au premier rang dans la guerre contre les infidèles. Au jour de la bataille, lorsque l'heure de l'attaque est arrivée, je me précipite avec audace comme le brave que rien ne saurait effrayer, et je précède les coups de ses flèches meurtrières; mais le chameau reste en arrière, pour qu'on le charge de pesans fardeaux, ou pour que l'on cherche dans ses bagages. Les obligations qui me sont imposées, ne sont remplies que par celui qui sait tenir ses engagemens ; et celui-là seul qui est léger et rapide dans sa marche, peut faire le chemin que je dois parcourir : aussi m'étudié-je à acquérir de l'agilité, me préparant ainsi au jour de la course. Si je vois quelqu'un qui soit plongé par sa folle étourderie dans une ivresse dont il ne peut revenir, et que les agrémens de la vie jettent dans l'illusion la plus complète, « Tout ce que vous possédez, lui dis-je, est péris- » sable ; les biens seuls de Dieu sont éternels. » O toi qui es repoussé loin de cet objet que tu desires avec tant d'ardeur, et qui es écarté de ce combat mystérieux, jette sur la nature un regard attentif, comprends quel est le but du Créateur, et ne tarde pas à t'imposer à toi-même des lois sévères, à donner à tes sens des liens étroits. Rappelle-toi que le destin a fixé l'instant de ta mort, qu'il a calculé le nombre de tes respirations; et crains le jour terrible du jugement à venir.

Quant à moi, lorsque le palefrenier m'a couvert de mes harnais, celui qui me monte n'a rien à redouter de ma fougue. Combien de fois ne mange-t-il pas les produits de la chasse que j'ai rendue fructueuse par ma vîtesse. Toujours je laisse derrière moi celui qui cherche à me devancer, et je devance toujours celui que je poursuis. On me lie avec des entraves, afin que je n'attaque pas les autres chevaux; on me guide avec des rênes, pour que je ne m'écarte pas de la route que je dois tenir; on me met un frein, pour que mon encolure élégante ne s'altère pas; on me serre la bride, de crainte que j'oublie de me tenir droit; et l'on me ferre les pieds, pour que je ne me fatigue pas lorsque je m'élance dans la carrière. Le bonheur m'est promis; un rang distingué m'est donné : on me traite avec égards, et ce n'est que pour ma propre conservation qu'on m'impose des liens. L'Être bienfaisant par excellence a répandu ses bienfaits sur moi, et, dans sa bonté éternelle, a dicté en ma faveur ses jugemens en ces termes : « Jusqu'au jour de la » résurrection, le bonheur est lié à la touffe de » crins qui orne le front des chevaux. » Fils du vent, j'ai reçu l'inspiration de bénir et de louer Dieu : mon dos procure une sorte de gloire à celui qui le monte; mon flanc est un trésor pour ceux qui me possèdent ; et ma société, un amulette. Combien de fois ne m'a-t-on pas poussé dans l'arène, sans que j'aie jamais laissé voir de la faiblesse! combien de fois, ayant remporté la palme de la vîtesse dans la course, n'ai-je pas été couvert de la soie, ornement des infidèles! combien de fois aussi n'ai-je point triomphé des hypocrites, et ne les ai-je point fait disparaître de la surface de la terre! Est-il encore question d'eux, et les entends-tu en aucune manière!

VERS.

Avance d'un pas rapide et léger; tu obtiendras un bonheur d'autant plus précieux, qu'il est plus difficile de s'unir à cet objet chéri. Amans généreux, marchez avec courage à la suite du Prophète que la sainteté la plus parfaite décore. Ceux qui sont parvenus, dans la carrière mystique, aux plus hauts degrés du spiritualisme, ont joui de la vue de ce visage ravissant, qui brille du plus vif éclat. Peut-être atteindras-tu ces hommes heureux qui, dès l'aurore de leur vie, ont goûté ces doux instans de plaisir extatique.

Oui, dis-je alors au cheval, on trouve en toi les plus belles qualités, et tes actions sont les plus recommandables.

ALLÉGORIE XXXIII.

LE LOUP-CERVIER.

J'étais plongé dans la réflexion, lorsque le loup-cervier m'adressa ces paroles : *Sage admirateur de la nature, apprends de moi la fierté et les manières superbes. Dirigé par l'élévation de* mes vues et par la hardiesse de mes desseins, je suis attentif à tout ce qui peut me rapprocher de l'objet de mon amour, et je finis par m'asseoir à ses côtés. Lorsque je poursuis ma proie, je ne suis pas aussi prompt que le cheval ; et lorsque je l'ai atteinte, je ne la terrasse pas à la manière du lion : mais je cherche à tromper par mes ruses et par mon astuce, l'animal que je veux immoler, et si, dès l'abord, je ne puis y réussir, ma colère s'allume avec violence. Ma famille cherche alors à m'apaiser ; mais je ne veux rien entendre, et je suis insensible aux bonnes manières et à la douceur. La seule cause de mon émotion provient de ma faiblesse et de mon impuissance. Oui, il faut que celui qui veut devenir parfait, et qui n'en a pas la force, qui veut embrasser la vertu, et dont l'ame s'y refuse ; il faut, dis-je, qu'il fasse éclater contre lui-même la colère de l'amour-propre, qu'il prenne ensuite de nouvelles résolutions, qu'il redouble d'efforts, et que, pour réussir, il ne se contente point d'une volonté faible et de projets mal concertés.

On trouve encore dans ma manière d'être une leçon instructive, intelligible seulement pour celui qui a l'esprit propre à saisir les allégories ; c'est que ma gloutonnerie, accroissant la masse naturelle de mon sang et de ma chair, me procure un excessif embonpoint. Appesanti par cette graisse surabondante, je crains d'être atteint, si l'on me poursuivait, et de rester vaincu dans l'arène, si l'on m'attaquait. Tu me verras alors fuir les animaux de mon espèce, et me cacher au fond de mon repaire, pour mettre ordre à ma conscience. Je me traite moi-même, en quittant mes habitudes et en comprimant mon naturel ; je mortifie mon cœur par l'abstinence, qui est la base de la dévotion ; et lorsque mes pensées s'élèvent, que mon ardeur est vraie, que mon corps est purifié de la corruption et mon ame guérie de la langueur, je sors de ma retraite solitaire : mes infirmités sont passées ; je ne suis plus gêné sur le lieu de mon habitation, et je m'établis où je me plais. Si tu te sens capable de m'imiter, parcours la même carrière que moi ; à mon exemple, abandonne pour toujours tes anciennes habitudes.

VERS.

J'ai vu le loup-cervier s'emporter avec violence, lorsque, attaquant sa proie, il ne peut la terrasser : ainsi doit faire l'homme sage et généreux qui marche dans la voie du spiritualisme, s'il desire acquérir cette douce gaieté d'esprit à laquelle on parvient si difficilement.

ALLÉGORIE XXXIV.

LE VER-À-SOIE.

Les qualités viriles ne consistent ni dans les formes athlétiques, ni dans la privation des boissons et des mets, dit alors le ver-à-soie ; et ce n'est point un mérite de prodiguer des choses faites pour être prodiguées. La véritable générosité est celle qui apprend à donner libéralement son nécessaire et sa propre existence. Aussi, en faisant l'énumération des bonnes qualités, trouve-t-on les plus précieuses chez de simples vers. Je fais partie de cette classe innombrable, et je suis susceptible d'attachement envers ceux qui ont de l'amitié pour moi. Graine dans le principe, je suis recueilli comme la semence que l'on veut confier à la terre ; ensuite, tantôt les femmes, tantôt les hommes, m'échauffent dans leur sein. Quand la durée de ces soins vivifians est parvenue à son terme, et que la puissance divine me permet de naître, je sors alors de cette graine, et je me montre à la lumière. Je jette ensuite un regard sur moi-même, le jour de ma naissance, et je vois que je ne suis qu'un pauvre orphelin, mais que l'homme me prodigue ses attentions, qu'il éloigne de moi les mets nuisibles, et qu'il ne me donne jamais que la même nourriture. Mon éducation étant terminée, et dès que je commence à acquérir de la force et de la vigueur, je me hâte de remplir envers mon bienfaiteur, les devoirs qu'exige la reconnaissance, et de rendre ce que je dois à celui qui m'a bien traité. Je me mets donc à travailler d'une manière utile à l'homme, me conformant à cette sentence : *La récompense d'un bienfait peut-elle être autre que le bienfait ?* Sans la moindre prétention, ni sans me plaindre du travail pénible que je m'impose, je fais avec ma liqueur soyeuse, par l'inspiration du destin, un fil que les gens doués du plus grand discernement ne sauraient produire, et qui, après ma mort, excite envers moi la reconnaissance. Ce fil sert à faire des tissus qui ornent celui qui les porte, et qui flattent les gens les plus sérieux. Les rois eux-mêmes se parent avec orgueil des étoffes que l'on forme de mon cocon, et les empereurs recherchent les vêtemens où brille ma soie : c'est elle qui décore les salles de jeu, qui donne un nouvel attrait aux jeunes beautés dont le sein commence à s'arrondir, qui est enfin la parure la plus voluptueuse et la plus élégante.

Après avoir fait pour mon bienfaiteur ce que la reconnaissance exige de moi, et satisfait ainsi aux lois de la réciprocité, je fais mon tombeau de la maison que j'ai tissue, et dans cette enveloppe doit s'opérer ma résurrection ; je travaille à rendre ma prison plus étroite, et, me faisant mourir moi-même, je m'y ensevelis comme la veille. Pensant uniquement à l'avantage d'autrui, je donne généreusement tout ce que je possède, et je ne garde pour moi que la peine et les tourmens. De plus, exposé aux peines de ce monde, dont les fondemens sont le malheur et l'infortune, je suis obligé de supporter ce que me fait souffrir un feu violent, et la jalousie de l'araignée ma voisine, qui est injuste et méchante envers moi. Cette araignée, dont l'emploi est de faire la plus frêle des demeures, non contente de me chagriner par son voisinage importun, ose encore rivaliser avec moi, et me dire : Mon tissu est comme le tien, notre travail a les mêmes défauts, et nous éprouvons également l'ardeur du feu : c'est donc en vain que tu prétendrais avoir la supériorité sur moi. Fi donc ! lui dis-je de mon côté, ta toile est un filet à prendre des mouches et à rassembler la poussière, tandis que mon tissu sert d'ornement aux princes les plus distingués. N'es-tu pas d'ailleurs celle dont le Coran a publié de toute éternité la faiblesse, et ta faiblesse n'est-elle point, par suite, passée en proverbe. Oui, je puis le dire, il y a entre toi et moi la même différence que celle qui existe entre le noir artificiel que donne l'antimoine, et la noirceur naturelle de l'œil ; entre la pleine lune et une étoile à son couchant.

VERS.

C'est de celui qui dirige dans le sentier de la vertu et qui dispense les bienfaits, que je tiens le secret de filer ma liqueur soyeuse. O toi qui veux imiter mon travail, crois-tu que l'on puisse jamais tirer de ta toile grossière les parures magnifiques que l'on forme avec mon fil précieux ! Peut-on donc sans mentir s'arroger un mérite quelconque, lorsqu'on n'est pas utile à autrui !

ALLÉGORIE XXXV.

L'ARAIGNÉE.

Quoique tu prétendes que ma demeure est la plus frêle des habitations, et qu'on doit m'abandonner au mépris, répliqua l'araignée, ma supériorité sur toi est néanmoins tracée dans le livre de mémoire. Personne ne peut me reprocher de m'avoir donné des soins ; je n'ai pas même été l'objet de la tendresse de ma mère, ni des bontés de mon père. Dès le moment de ma naissance, je m'établis dans un coin de la maison et je commence à y filer. Une masure est ce que je préfère, et j'ai une propension naturelle pour les angles, parce qu'on peut s'y cacher et qu'ils offrent une foule de choses mystérieuses. Aussitôt que j'ai trouvé un lieu où je puisse commodément tendre ma toile, je jette alternativement de l'une à l'autre paroi ma liqueur glutineuse, en évitant avec soin de mêler les fils de mon tissu; puis je fais sortir par les pores de ma filière, une soie mince qui descend au travers de l'air, et m'y tenant à la renverse, accrochée par les pattes, je laisse pendre celles qui me servent de mains; aussi, trompé par cette position, croit-on que je suis réellement morte. C'est alors que si la mouche passe, je la prends dans les filets tendus par ma ruse, et je l'emprisonne dans les rets de ma chasse. Je sais que tu es en possession d'un honneur dont je suis privée, en ce que je ne tisse point comme toi des étoffes précieuses pour cette maison de passage: mais où étais-tu, la nuit de la caverne, lorsque de ma toile protectrice je voilai le Prophète choisi de Dieu, que j'éloignai de lui les regards, et le délivrai ainsi des légions infidèles, faisant pour lui ce que ni les fugitifs de la Mecque, ni les Médinois, n'auraient jamais pu faire! Je protégeai de même le respectable vieillard Aboubecre, qui accompagna Mahomet à Médine et dans la caverne, et qui le suivit dans le chemin de l'honneur et de la gloire. Pour toi, tu n'emploies tes vaines parures qu'à tromper et à séduire; aussi tes étoffes, destinées à l'ornement des femmes dont l'esprit est si peu solide et à l'amusement des enfans qui n'ont pas de raison, sont interdites aux hommes, parce que l'éclat n'en saurait durer, que leur usage n'est d'aucun profit réel, et qu'on n'en peut tirer aucun avantage pour la vie spirituelle. Hélas! combien est malheureux celui que sa maîtresse délaisse, en lui ôtant l'espoir de se donner jamais à lui; qu'elle prive de ses faveurs, en lui interdisant même la douceur de la demande; qu'elle éloigne impitoyablement de sa présence, en lui défendant d'approcher!

VERS.

O toi qui te complais dans des salons somptueux et magnifiques, tu as donc oublié que ce monde n'est autre chose qu'un temple pour prier et pour adorer Dieu. Après avoir dormi sur ces lits voluptueux, tu descendras demain dans l'étroit et sombre caveau du sépulcre; tu seras au milieu d'êtres silencieux, mais dont le silence énergique équivaut à des paroles : ah! qu'un simple habit soit tout ton vêtement, et que quelques bouchées forment ta nourriture; comme l'araignée, prends une habitation modeste, en te disant à toi-même: Demeurons ici en attendant la mort.

ALLÉGORIE XXXVI.

LA FOURMI.

Si la fortune ennemie te décoche ses traits, dit alors la fourmi, oppose-lui un calme inaltérable; et lorsque tu verras quelqu'un qui se prépare à parcourir la carrière du spiritualisme, pars avant lui, et ne néglige point follement de régler tes actions dans cette vie. Prends leçon de moi, et sens combien il importe de faire des préparatifs et de se munir d'un viatique pour la vie future. Vois le but élevé que j'ai constamment devant les yeux, et considère de quelle manière la main de la Providence a ceint mes reins comme ceux de l'esclave, afin de me dispenser de serrer et de délier tour-à-tour ma ceinture. Dès qu'au sortir du néant j'ouvre les yeux à la lumière, on me voit empressée à me ranger parmi les serviteurs de la céleste amie; je m'occupe ensuite, dirigée par l'assistance divine, à recueillir les provisions nécessaires, et j'ai pour cela un avantage que l'homme le plus intelligent ne possède point, c'est que mon odorat s'étend à la distance de plusieurs parasanges. Je mets en ordre, dans ma cellule, les grains que j'ai ainsi rassemblés pour ma nourriture; et celui qui fait ouvrir l'amande et le noyau, m'inspire de couper chaque grain en deux parties égales : mais si c'est de la semence de coriandre, je la divise en quatre, guidée par le même instinct; et cette précaution est nécessaire pour détruire en elle la faculté germinative; car, partagée en deux, elle ne laisserait pas de se reproduire. Lorsque, dans l'hiver, je crains que l'humidité du sol n'altère mes grains, je les expose à l'air un jour où le soleil luit, afin que sa chaleur les sèche. Tel est constamment mon usage : et tu prétends que ces mesures sont mal prises, qu'elles doivent m'être funestes, et que c'est, d'ailleurs, marquer trop d'attachement pour les biens de ce monde ! Tu te trompes, je te l'assure; si tu connaissais ce qui me porte à agir de la sorte, tu m'excuserais toi-même, et tu ferais de moi plus de cas que tu n'en fais. Sache que Dieu (qu'il soit béni et loué !) a des armées que lui seul connaît, comme l'attestent ces mots du Coran : *Personne ne connaît les armées de ton Seigneur, si ce n'est lui seul.* Or il y a sous terre l'armée des fourmis, dont le nombre est incalculable. Nous observons les règles du service de Dieu, nous ne nous attachons qu'à lui, nous ne nous confions qu'en lui, et nous n'avons que lui en vue ; aussi suscite-t-il, du milieu de nous, celles qu'il veut élever sur nous, et il demande que nous soyons soumises, afin que nos chefs nous promettent des bienfaits. Après avoir entendu cette promesse, nous sortons sans contrainte, nous résignant à mourir; et, au moment de notre départ, notre situation semble exprimer ces mots :

VERS.

Reçois, ô ma bien-aimée, les adieux que je t'adresse, les yeux mouillés des larmes de la douleur, en pensant que je vais être séparé de toi. Nous vivrons, je l'espère, et Dieu couronnera notre amour ; mais si la mort vient nous frapper, nous nous retrouverons ensemble dans une vie plus heureuse.

Nous employons tous nos efforts, amassant sans cesse pour être utiles à d'autres qu'à nous. Mais exposées à mille genres de mort, parmi nous les unes périssent de faim ou de soif, les autres tombent dans un précipice, d'où elles ne peuvent sortir : ici c'est une mouche qui les saisit;

là un quadrupède ou un animal quelconque qui les foule aux pieds ; plus loin, c'est un oiseau qui en fait sa nourriture. Parmi nous, les unes meurent saintement, tandis que d'autres ne sauraient obtenir le salut ; enfin, d'après ces mots du Coran, *Il y a des croyans qui ont observé sincèrement ce qu'ils ont promis à Dieu,* nous mettons devant nous ce que nous avons, et nous le partageons également entre nous sans aucune partialité et sans aucune injustice.

Si tu es du nombre des élus, tu te convertiras par l'autorité du Coran ; mais si l'aile de ta volonté ne peut atteindre aux choses élevées, le destin t'est contraire.

ALLÉGORIE XXXVII ET DERNIÈRE.

LE GRIFFON.

O vous qui savez comprendre les allégories, en voici une qui ne peut manquer de vous être agréable : si vous croyez pouvoir saisir le sens caché de la parabole que je vous présente, écoutez attentivement ces allusions énigmatiques qui renferment mon secret.

On rapporte qu'un jour les oiseaux s'assemblèrent, et qu'ils se dirent les uns aux autres : Nous ne pouvons nous passer d'un roi que nous reconnaissions, et par qui nous soyons reconnus : allons donc en chercher un, attachons-nous à lui, et, soumis à ses lois, nous vivrons à l'abri de tout mal, sous sa protection semblable à l'ombre d'un arbre au feuillage épais. On nous a dit qu'il y a, dans une des îles de la mer, un oiseau nommé *Ancamogreb*, dont l'autorité s'étend de l'orient à l'occident : pleins de confiance en cet être, volons donc vers lui. Mais la mer est profonde, leur dit-on ; la route est difficile et d'une longueur incalculable : vous avez à franchir des montagnes élevées, à traverser un océan orageux et des flammes dévorantes. Croyez-le, vous ne sauriez parvenir à cette île mystérieuse ; et quand même vous surmonteriez tous les obstacles, la pointe acérée des lances empêche d'approcher de l'objet sacré : restez donc dans vos nids, car votre partage est la faiblesse, et ce puissant monarque n'a pas besoin de vos hommages, comme l'expose ce texte du Coran : *Dieu n'a pas besoin des créatures*. Le Destin vous avertit d'ailleurs de vous défier de votre ardeur, et Dieu lui-même vous y engage. Cela est vrai, répondirent-ils ; mais les desirs de l'amour ne cessent de nous faire entendre ces mots du Coran : *Allez vers Dieu*. Ils s'élancèrent donc dans l'air, avec les ailes auxquelles fait allusion ce passage du même livre, *Ils pensent à la création du ciel et de la terre*, supportant avec patience la soif brûlante du midi, d'après ces paroles, *Celui qui sort de sa maison pour fuir &c.* Ils marchèrent sans se détourner jamais de leur route : car, prenaient-ils à droite, le désespoir venait les glacer ; prenaient-ils à gauche, l'ardeur de la crainte venait les consumer. Tantôt ils s'efforçaient de se devancer mutuellement ; tantôt ils se suivaient simplement l'un l'autre. Les ténèbres d'une nuit obscure, l'anéantissement, les flammes, la défaillance, les flots irrités, l'éloignement, la séparation, les tourmentaient tour-à-tour. Ils arrivèrent tous enfin à cette île pour laquelle ils avaient abandonné leur patrie, mais l'un après l'autre, sans plumes, maigres et abattus, tandis qu'ils étaient partis surchargés d'embonpoint.

Lorsqu'ils furent entrés dans l'île de ce roi, ils y trouvèrent tout ce que l'ame peut desirer, et tout ce que les yeux peuvent espérer de voir. On dit alors à ceux qui aimaient les délices de la table, ces mots du Coran, *Prenez des alimens sains et légers, en récompense du bien que vous avez fait dans l'autre vie ;* à ceux qui avaient du goût pour la parure et pour la toilette, ces mots du même livre, *Ils seront revêtus de draps précieux et d'habits moirés, et seront placés en face les uns des autres ;* à ceux pour qui les plaisirs de l'amour avaient le plus d'attraits, *Nous les avons unis aux houris célestes.* Mais lorsque les contemplatifs s'aperçurent de ce partage : Quoi ! dirent-ils, ici comme sur la terre notre occupation sera de boire et de manger ! Quand donc l'amant pourra-t-il se consacrer entièrement à l'objet de son culte ! quand obtiendra-t-il l'honneur qu'appellent ses vœux brûlans ! Non, il ne mérite pas la moindre considération, celui qui accepte le marché de la dupe. Quant à nous, nous ne voulons que ce roi pour qui nous avons traversé des lieux pierreux, franchi tant d'obstacles divers, et supporté avec patience la soif ardente du midi, en nous rappelant ce passage du Coran : *Celui qui sort de sa maison pour fuir, &c.* Nous faisons d'ailleurs peu de cas des parures et des autres agrémens. Non, encore une fois, par celui qui seul est Dieu, ce n'est que lui que nous desirons, que lui seul que nous voulons pour nous. Pourquoi donc êtes-vous venus, leur dit alors le roi, et qu'avez-vous apporté ! L'humilité qui convient à tes serviteurs, répondirent-ils ; et certes, nous osons le dire, tu sais mieux que nous-mêmes ce que nous desirons. Retournez-vous-en, leur dit-il. Oui, je suis le roi, que cela vous plaise ou non ; et Dieu n'a pas besoin de vous. Seigneur, répliquèrent-ils, nous savons que tu n'as pas besoin de nous; mais personne parmi nous ne peut se passer de toi. Tu es l'être excellent, et nous sommes dans l'abjection; tu es le fort, et nous sommes la faiblesse même. Comment pourrions-nous retourner aux lieux d'où nous venons! nos forces sont épuisées, nos cohortes sont dans un état de maigreur inexprimable, et les traverses auxquelles nous avons été en proie ont anéanti notre existence corporelle. Par ma gloire et par ma dignité, dit alors le roi, puisque votre pauvreté volontaire est vraie, et que votre humilité est certaine, il est de mon devoir de vous retirer de votre position malheureuse. Guérissez celui qui est malade; et venez tous dans ce jardin frais et ombragé, goûter le repos le plus voluptueux. Que celui dont l'espoir s'est attiédi, prenne un breuvage où l'on aura mêlé du gingembre; que celui, au contraire, qui s'est laissé emporter par la chaleur brûlante du desir, se désaltère dans une coupe où l'on aura mêlé du camphre. Dites à cet amant fidèle qui a marché dans la voie du spiritualisme, Bois à la fontaine nommée *Salsabil*. Amenez à son médecin le malade, puisque sa fièvre amoureuse est véritable; approchez de sa maîtresse l'amant, puisque sa mort mystique est complète. Alors leur seigneur les combla de bonheur et de joie; il les abreuva d'une liqueur qui les purifia; et aussitôt qu'ils en eurent bu, ils furent plongés dans la plus douce ivresse. Ils dansèrent ensuite au son d'airs mélodieux : ils desirèrent de nouveaux plaisirs, et ils les obtinrent ; ils firent diverses demandes, et ils furent toujours exaucés. Ils prirent leur vol avec les ailes de la familiarité, en présence de Gabriel ; et, pour saisir le grain sans tache du chaste amour, ils descendirent dans le lieu le plus agréable, où était le roi le plus puissant. Aussitôt qu'ils y furent arrivés, ils entrèrent en possession du bonheur, et, jetant avidement leurs regards dans ce lieu sacré, ils virent que rien ne cachait plus le visage de leur maîtresse adorée ; que les coupes étaient disposées ; que les amans étaient avec leur divine amie..... Ils virent enfin ce que l'œil n'a jamais vu, et ils entendirent ce que l'oreille n'a jamais entendu.

VERS.

O mon ame, réjouis-toi à l'heureuse nouvelle que je vais t'apprendre : ta maîtresse chérie reçoit de nouveau tes vœux et tes hommages ; sa tente, asyle du mystère, est ouverte à ses amans fidèles. Respire avec volupté les parfums enivrans qui s'exhalent de cette tribu sacrée. Vois l'éclair, avant-coureur de l'union la plus tendre, briller au loin dans la nue. Tu vas vivre dans la situation la plus douce; toujours auprès de ta bien-aimée, toujours avec l'idole de ton cœur, sans que rien puisse jamais t'en séparer. Les larmes de l'absence ne mouilleront plus tes paupières ; une barrière funeste ne t'éloignera plus de ce seuil béni ; un voile importun ne te cachera plus ces traits radieux : tes yeux, ivres d'amour, contempleront, à tout jamais, la beauté ravissante de cet objet dont une foule d'amans desirent si ardemment la vue, et pour qui tant de cœurs sont consumés d'amour.

NOTES.

PRÉFACE D'AZZ-EDDIN ELMOCADESSI.

PAGE 1.re, ligne 8. Les mots عن حله وعله manquent dans les manuscrits A et B.

P. 1.re, l. 12. Le ms. D seul omet le mot بينهما, que j'aurais peut-être retranché également, si j'avais eu ce manuscrit dès le commencement de l'impression de ces allégories.

P. 1.re, l. 15. J'ai suivi la leçon du ms. A; les mss. B et C portent مذاق مرارته وشهك, et le ms. D porte مذاق ما أصابه من شهد.

P. 2, l. 6. Les mots ما يفتح jusqu'à بعله sont du *Coran, XXXV,* 2, édit. de Hinckelmann. Il y a ici une difficulté : c'est de savoir pourquoi on lit لها la première fois, et له la seconde. Beïdawi, *Comm. du Coran* (انوار التنزيل واسرار التاويل), s'exprime ainsi sur ce passage : واختلاف الضميرين لان الموصول الاول مفسر بالرحمة والثاني مطلق يتناولها والغضب وفى ذلك اشعار بان رحمته سبقت غضبه « La différence que l'on observe dans les
» deux pronoms, provient de ce que le premier conjonctif (ما يفتح)
» s'explique par la miséricorde, tandis que le second est absolu et
» comprend la miséricorde et la colère; et c'est pour faire connaître
» que la miséricorde de Dieu a précédé sa colère. »

P. 2, l. 12. Cette phrase est mystique. L'auteur veut indiquer par les mots فقد et فقدان la privation de l'union avec la Divinité. La leçon que j'ai suivie est celle des mss. A, C et D; le ms. B porte ما يجده من وجده وما يكابده من وجدان فقده

P. 2, l. 13. Les mss. A et B portent كيف الم تسمع الى الربيع
تبسم اسفا لبكا السحاب على زجره ومدّ

P. 2, l. 16. Les Arabes, en parlant de l'éclair, se servent souvent du terme de تبسّم *sourire*, et, en parlant du tonnerre, de celui de قهقهة *éclat de rire*. Ceux qui ont lu des poëtes arabes sont habitués à ces expressions.

P. 2, l. 25. Les mss. B et C portent ما حان au lieu de ما كان. Je suis fâché de n'avoir pas suivi cette leçon, qui est certainement préférable, à cause de l'allittération qu'il y a entre حان et la dernière syllabe de الاخوان, et du parallélisme qui existe entre les mots de cette phrase et ceux de la phrase précédente.

P. 3, l. 5. Le جلنار est le *Punica Granatum* de Linnée.

P. 3, l. 6. Je pense que j'aurais pu traduire aussi جل نار par *fleurs de feu*. جل signifiant en arabe, comme گل en persan et en turc, *une fleur quelconque* : la leçon du ms. B, qui porte جلّنار, confirmerait même cette interprétation. D'ailleurs on trouve souvent chez les poëtes orientaux les fleurs du grenadier comparées à du feu. Ainsi on lit dans le Gulistan :

وافانين عليها جلنــــار   علقت بالشجر الاخضر نار

« Bien des branches de grenadier portaient des fleurs que l'on
» aurait prises pour du feu suspendu à des rameaux verdoyans. »

Mais comme le sens ici est mystique, je crois ma traduction plus conforme au style figuré et allégorique de l'auteur.

P. 3, l. 9. Je ne mets pas de point après عوده, et je lis ورنده qui est la leçon du ms. D. A la lettre : « Le rossignol chante sur
» son rameau flexible et sur son laurier. » Forskal, *Flora Ægyptiaco-arab.*, traduit رند par *Artemisia pontica*.

P. 3, l. 12. A la lettre : « Il révèle ce qu'il tenait caché de son
» amour pour sa Zénab et pour sa Hend. » Les mots زينب et هند sont des noms de femme assez communs chez les Arabes ; mais on voit bien que, sous ces noms, l'auteur veut désigner la Divinité.

P. 3, l. 13. سمع paraît être ici dans le sens de *sentir*, signification que les Persans donnent quelquefois au verbe شنیدن ; c'est ainsi qu'on lit dans le *Gulistan*, III, 23 :

درویش جز بوی طعامش نشنیدی

« Les pauvres sentaient seulement l'odeur de ses mets. »

On pourrait aussi, peut-être, traduire بما شمه عن طیب نجد par : « à cause de ce qu'il croit entendre dans le langage allégo-
» rique de l'odeur embaumée venant de Najd. » Quant au mot نجد, il signifie *terra eminentior*; mais on a donné ce nom à une petite province de l'Arabie, dans laquelle la ville de Médine est située, parce que son terrain est un peu plus élevé que celui de la province de Tahamah, où la ville de la Mecque est bâtie. Voyez d'Herbelot, *Biblioth. orient.* au mot *Nagiad*.

P. 3, l. 19. Par rapport au sens qu'a ici le mot عارف, voyez les notes sur la rose.

P. 3, l. 22. C'est-à-dire, « qui ne se contente pas des pratiques
» extérieures du culte, mais qui veut une religion toute intérieure
» et toute spirituelle. »

P. 4, l. 1. Les mots وان من شیء الّا یسبح بحمده sont tirés du *Coran*, XVII, 46.

P. 4, l. 4. توفیق signifie l'action par laquelle Dieu rend conforme à ce qui lui plaît, ce que fait son serviteur (l'homme) : جعل الله فعل عبده موافقا لما یحبّه ویرضاه *Kitab Tarifat.* (*).

P. 4, l. 7. Cette phrase est le commencement de la XVIIe surate du *Coran*, dans laquelle il est question du voyage nocturne de Mahomet au ciel : c'est de ce voyage, nommé معراج, que parle ici l'auteur.

P. 4, l. 23. Le mot قال se trouve assez souvent employé comme nom; on le rencontre, entre autres, dans la *Vie de Tamerlan*, tom. II, p. 990, édit. de Manger.

(*) Voyez, sur cet ouvrage, la savante notice de M. de Sacy, *Notices et extraits des Mss.* tom. X, pag. 1—94.

P. 5, l. 6. Le mot أحوال, pl. de حال, est pris ici dans un sens spirituel. L'auteur du كتاب تعريفات, *Livre des définitions*, le rend par مواهب

P. 5, l. 14. Turdus Merula de Linnée. Le mot شحرور, pl. شحارير, manque dans nos dictionnaires; mais on le trouve dans Russel, *Natural History of Aleppo*, t. II, p. 205, et ailleurs. On ne lit وما خاطبني, et ce qui suit jusqu'à أخرجني, que dans les mss. A et D.

P. 5, l. 15. Dans ma traduction, j'ai omis à dessein les mots وسميته كشف الاسرار عن حكم الطيور والازهار, qui signifient à la lettre : « Je l'ai nommé la manifestation des secrets, d'après » les vues de sagesse que Dieu a déposées dans les oiseaux et dans » les fleurs. » Le mot كشف signifie ici : الاطلاع على ما وراء الحجاب من المعاني الغيبية والامور الحقيقية وجودا وشهودا. Voyez les *Notices des Manuscrits*, t. X, p. 26.

P. 5, l. 19. Les mots فاعتبروا يا اولى الابصار sont du *Coran*, LIX, 2 édit. de Hinckelmann, et signifient à la lettre : « Profitez » des instructions, vous qui avez de l'intelligence. »

P. 5, l. 22. Quoique cette phrase ne soit pas traduite très-littéralement, je crois cependant que j'ai rendu le sens que l'auteur a voulu exprimer; car les mots فذاك من أمثالي signifient à la lettre, « Celui-là est de mes semblables, » c'est-à-dire, « il pense » comme moi; il goûtera par conséquent mon livre; » et les mots فليس من اشكالي veulent dire, « Il n'est point de ceux qui me » conviennent (pour lecteurs). » On voit que dans ces deux phrases l'auteur joue sur la double signification de أمثال et de اشكال

P. 5, l. 23. Il semble que ce que l'auteur dit ici, à partir de ولقن jusqu'à la fin de la préface, a précédé les réflexions qu'il vient d'exprimer, et les a peut-être occasionnées.

P. 5, l. 25. On voit que l'auteur a voulu faire une antithèse, en opposant قدم à حدث

P. 5, l. 27. On lit dans le ms. A : ايدى الحكم الباهرة واوجدته للحكم البالغة القاهرة

P. 6, l. 3. L'auteur joue sur رق et راق

P. 6, l. 8. Dans le texte ar., les trois membres de phrase sur le rossignol sont séparés et contiennent chacun un nom d'oiseau différent. J'ai réuni, dans ma traduction, ces trois noms sous celui de rossignol, et j'ai joint ensemble les trois membres. Voyez, au sujet du rossignol, les notes sur l'allégorie qui porte ce titre.

P. 6, l. 17. في الحال est ici sur-tout à cause de l'homonymie.

P. 7, l. 1. Ces vers ont été cités par William Jones, dans ses *Poëseos asiaticæ Commentarii, chapitre XVI, page 373*, édition originale, et par M. de Sacy, dans la préface persane qu'il a mise à la tête du *Pend-namèh* d'Attar, Ebn-Arabschah en cite les deux derniers dans son ouvrage intitulé فاكهة الخلفاء

P. 7, l. 11. L'auteur joue sur la double acception du mot نور, qui signifie *lumière* et *calice d'une fleur*.

P. 7, l. 16. William Jones et M. de Sacy ont imprimé مستيقظ; mais tous mes manuscrits portent مستنبط. Voici comment on lit ce vers dans le ms. C :

وكل لاجلك مستنبط لما ۞ فيه من نـفعك يا ماجنُ

ALLÉG. I.ʳᵉ — *LE ZÉPHYR.*

P. 9, l. 11. J'ai un peu paraphrasé les mots وهامل شكوى العليل الى طبيبه, pour développer le sens que ces paroles me paraissent renfermer. Ce passage est cité dans les *Poëseos asiaticæ Commentarii*, *p. 364* de l'édition originale; mais, comme l'a déjà fort bien remarqué M. Humbert dans son *Anthologie arabe*, *p. 237*, le célèbre orientaliste anglais, trompé par une faute de son manuscrit, a lu طبيبه au lieu de طبيبه, qu'indiquent le sens et la rime, et qui est la seule leçon de mes quatre manuscrits.

P. 9, l. 17. Au lieu de cette phrase, on lit dans le ms. A, أتحدث به بلطافة إينامى لظرافة جلاسى

P. 10, l. 8. Tous les mss. portent ذوى الالطاف; mais c'est uniquement par inattention que j'ai laissé cette défectuosité du langage vulgaire; car il faut ici le nominatif.

P. 11, l. 1. J'ai voulu rendre à la lettre le verbe تسلسل. Le mot سلسلة signifie *catena*; de là تسلسل, deuxième forme quadrilitère : *Fluxit aqua, peculiariter catenæ formâ; uti fit leniter impellente vento.*

P. 11, l. 2. Les Arabes reconnaissent la distinction des sexes dans le palmier, et probablement dans d'autres végétaux. On peut voir l'intéressant article sur le dattier, qui se trouve dans l'extrait de Kazwini, donné par M. de Chézy dans la *Chrestomathie arabe* de M. de Sacy, t. III, p. 378.

P. 11, l. 10. Les mots الجمل الارفعى indiquent assez que ces vers sont mystiques. Je dois faire observer que, dans المتفضوى, ارفعى, مقمعى et تتبرقعى, تسمعى, الاربعى, le ى n'est autre chose que la saturation [اشباع] du kesra. Voyez la *Grammaire arabe*, t. II, p. 374.

P. 11, l. 13. Au lieu de la leçon que j'ai suivie, on lit dans le ms. B, الشدا المقرع

P. 11, l. 16. L'auteur a fait صبا du féminin; mais on sait que les poëtes font masculin un nom féminin, et féminin un nom masculin. *Gramm. ar. t. II, p. 372.*

P. 11, l. 17. Le verbe تبرقع signifie *se couvrir du* برقع, qui est le voile que les femmes mettent en Égypte lorsqu'elles sortent. C'est une pièce de mousseline blanche, avec deux trous pour les yeux, afin que la personne ainsi voilée puisse se conduire. On peut voir la figure et la description du برقع dans Niebuhr, *Voyage en Arabie*, t. I, p. 133, et pl. XXIII.

P. 12, l. 1. Le mot حان signifie, comme می خانه, en persan, *lieu où l'on vend du vin, cabaret, &c.* On ne trouve pas ce mot dans les dictionnaires, mais on trouve حانة traduit par *œnopolium*; ce qui suffit pour déterminer le sens de حان : M. de Sacy a d'ailleurs donné à ce mot la même signification que je lui donne ici. Voyez la *Chrest. ar. t. II, p. 273, 274.*

Ces vers, comme je l'ai annoncé plus haut, sont mystiques. Dans les deux derniers, *le cabaret* est le couvent; *le vin* est l'amour de Dieu; *la beauté qui laisse voir ses charmes*, est la divinité elle-même, qui accorde un instant de jouissance extatique à ses amans fidèles. Le mot ليلى, qui est un nom de femme, équivaut ici au مغ بچه des Persans.

Quoique *le maître du cabaret* et *l'échanson* ne paraissent pas dans ces vers, je crois devoir faire remarquer que, dans les poésies mystiques, on veut désigner par le premier, le supérieur du couvent, et par le second, le prédicateur qui excite à l'amour de Dieu. Témoin ces vers de Hafiz :

بی سجاده رنگین کن گرت پیر مغان گوید

« Souille de vin le tapis où tu fais ta prière, si le cabaretier te
» l'ordonne; » c'est-à-dire, « Renonce aux pratiques extérieures
« de la religion, si telle est la volonté de ton supérieur spirituel. »

یا ایها الساقی ادر کاسا و ناولها

« Échanson, porte la coupe à la ronde, et donne-la moi; » c'est-
à-dire, « Prédicateur, parle de l'amour de Dieu, et viens m'y
« exciter. »

ALLÉG. II. — LA ROSE.

P. 12, l. 7. Rosa centifolia de Linnée.

P. 12, l. 11. Cette première phrase fait partie de l'allégorie précédente dans le ms. A.

P. 12, l. 18. Au lieu de سیف, le ms. B porte ضیف ; mais j'ai cru devoir préférer la leçon des autres mss. On retrouve ailleurs cette expression proverbiale, entre autres dans des vers du *Boustan* cités par M. de Sacy, *Pend-namèh, p. 225.*

P. 12, l. 19. On trouve l'inverse de cette pensée dans la troisième séance de Hariri :

يبدو (الدينار) بوصفين لعين الرامق
زينة معشوق ولون عاشق

A cette occasion, je dois rappeler que les Orientaux comparent toujours les êtres inanimés aux êtres vivans, ce qui est le contraire de ce que nous faisons pour l'ordinaire. Ainsi, de même que nous comparons le teint d'une beauté au coloris de la rose, ils comparent la rose au teint d'une beauté, &c. Voici une comparaison de ce genre, tirée de l'*Anvari Soheïli, p. 46 recto :*

چمن از نسیم صبا مشکبار

(134)

سمن از لطافت چو رخسار یار
زباد سحر گل دهن کرده باز
چو معشوق خندان عاشق نواز

« La brise embaumée du matin répandait sur ce parterre une
» odeur suave; le jasmin qui l'ornait avait les charmes des joues
» de ma maîtresse; le bouton de la rose, entr'ouvert par le zéphyr
» matinal, était semblable à la jeune beauté qui ouvre à demi la
» bouche pour sourire à son ami. »

Je renvoie à la fable de l'Ours et du Paysan (*Anvari Soh.* p. 63 et suiv.), ceux qui voudront, en ce genre, lire des exagérations qu'il serait impossible de faire passer en français.

M. de Fontanes a imité cette manière de comparer des Orientaux, dans son poëme intitulé *les Fleurs:*

............La rose embaumant ce sentier
Brille comme le front d'une vierge ingénue
Que fait rougir l'Amour d'une flamme inconnue.

Camoens a dit également:

Pintando estava alli Zephyro e Flora
As violas, da cor dos amadores,
O lirio roxo, a fresca rosa bella,
Qual reluze nas faces da donzella.

Lusiade, *IX*, *61*.

Par ثوب العاشق, *l'habit de l'amant*, l'auteur entend *l'habit vert*, et il veut parler du bouton de rose, qui semble habillé d'un vêtement vert. Saadi se sert à-peu-près de la même expression dans la préface du *Gulistan*, en parlant des feuilles des arbres:

پیراهن سبز بر درختان چون جامهٔ عید نیکبختان

« Un vêtement vert, semblable à l'habit de fête des heureux, or-
» nait les branches des arbres. »

Au lieu de cette phrase, on lit dans les mss. B et D اعطیت نفس العاشق وکسیت لون المعشوق

P. 12, l. 22. Cette idée me rappelle une jolie epigramme de Martial, *XI, 90.*

AD POLLAM.

Intactas quare mittis mihi, Polla, coronas!
A te vexatas malo tenere rosas.

P. 13, l. 3. On lit dans le ms. A فى طمع فى بقاى فان ذلك زور

P. 13, l. 9. Dans les poëtes orientaux on trouve souvent le mot *sang* employé en parlant de la rose ou de ses pétales. Je me contenterai de citer cet hémistiche de l'*Anvari Soheïli, p. 72 verso :*

خون چکین از شاخ گل باد بهار انرا چه شد

« Du sang (c.-à-d. des pétales teints de sang) n'orne plus les » rameaux du rosier : est-ce l'effet du zéphyr printanier ! »

P. 13, l. 18. A la lettre, « les mains des chrétiens ; » en effet, ce sont eux particulièrement qui distillent les roses dans le Levant. Au lieu de النصارة, qui est probablement pour النصارى à cause de la rime, j'aurais peut-être mieux fait d'imprimer النظارة, qui est la leçon de deux manuscrits.

P. 13, l. 21. On voit que l'auteur joue sur جلد, *peau,* et جلد, *force.*

P. 13, l. 23. Les mots فلا يقام باودى ولا يوخذ بقودى signifient à la lettre, « on ne redresse pas ma courbure et l'on ne prend » pas mon licou. » Le mot اود est le nom d'action du verbe اد, *incurvavit,* &c. On trouve la même expression dans la VI.ᵉ séance de Hariri : وكنت استعين على تقويم اودى, &c.

P. 13, l. 25. Tout ceci est bien oriental ; mais j'ai conservé les figures de l'original, de crainte de dénaturer les idées.

P. 14, l. 6. معرفة signifie ici *la vie spirituelle et contemplative ;* mais ce mot est proprement le nom du troisième degré du spiritualisme. Voyez le *Pend-namèh* de M. de Sacy, *p. 167,* et la *Biblioth. orient.*, aux mots *Arefi* et *Arefoun.*

P. 14, l. 15. ما احظا est la leçon du ms. A ; les trois autres mss.

portent من أحيى. Il n'est peut-être pas inutile de faire observer que ما أحظّا est une formule admirative, et que قائلاً est à l'accusatif, comme *objet de l'admiration* (المتعجب منه). Voy. la *Grammaire arabe*, t. II, p. 176 et suiv.

ALLÉG. III. — *LE MYRTE.*

P. 15, l. 1. Cette allégorie ne se lit que dans le ms. A, où elle remplace celle du narcisse, qui ne s'y trouve point. Comme ce manuscrit est très-correct, et que c'est celui dont j'ai toujours suivi les leçons préférablement, j'ai cru devoir la conserver. Les vers qu'on lit dans ce manuscrit à la fin de cette allégorie, sont les mêmes que ceux qui, dans les autres manuscrits, se trouvent à la fin de l'allégorie du narcisse, et que j'ai placés en cet endroit.

P. 15, l. 2. مرسين est le nom usuel de l'arbrisseau nommé, en arabe plus littéral, آس *Myrtus communis* de Linnée (Forsk. *Flor. Æg.-arab.* p. LXVI; l'*Ouv. sur l'Égyp. Hist. nat.* t. II, p. 63, &c.)

P. 15, l. 6. J'ai traduit نرد par *trictrac*, sur l'autorité de Hyde, qui, dans son *Historia nerdiludii* (*Syntagma dissertationum*, t. II, p. 217 et suiv.), a traité de ce jeu *ex professo* et fort au long. Ce qu'il y a de plus intéressant dans cette dissertation, est le §. VI (p. 250), De primario Nerdiludii scopo seu intentione, et quid eo designetur et repræsentetur; et le §. VII, De Nerdiludii antiquitate et primo auctore seu inventore.

On voit souvent, et dans toutes les zones, par un temps très-serein, de petits nuages floconneux rangés par lignes parallèles et très-régulièrement espacés : c'est peut-être à cette disposition particulière de la vapeur vésiculaire que l'auteur a voulu faire allusion, en comparant le ciel au tablier d'un trictrac couvert de dames et de dés. Les petits nuages que le peuple désigne sous le nom de *moutons*, ont beaucoup occupé les physiciens modernes. Ils se trouvent à d'immenses hauteurs, peut-être à plus de cinq mille toises au-dessus du niveau de l'Océan. Le célèbre voyageur M. de Humboldt les a vus lorsqu'il était sur le sommet des Andes; les stries parallèles paraissent convergentes, apparence qui est l'effet de la perspective de leur projection sur la voûte céleste. L'espacement des petits groupes de vapeurs est si régulier, qu'on pourrait croire qu'il est dû à quelque force répulsive, ou à l'électricité.

P. 15, l. 7. Le texte imprimé porte البها, et c'est ainsi qu'on lit dans le ms. A, qui, comme je l'ai dit, est le seul où se trouve cette allégorie; mais ce passage me paraissant altéré, j'ai consulté M. le Baron de Sacy, qui conjecture qu'il faut lire البهار; et il est probable que c'est la vraie leçon.

La signification du mot بهار ne me paraît pas bien précise; ce mot se trouve dans la dixième séance de Hariri, mais le commentateur se contente de dire que c'est une fleur jaune. On lit dans Golius : « بهار *id. quod* عرار *et* عين البقر, *Buphthalmum, herba* » *(odorata, Ca.) vernalis, luteo flore;* » et au mot عرار, « *Buphthal-* » *mum silvestre, boni odoris herba quædam.* »

Le mot بهار signifie aussi en turc et en arabe vulgaire *des épiceries*.

P. 15, l. 13. On trouve presque les mêmes paroles dans le *Cantique des cantiques :*

כי־הנה הסתו עבר הגשם חלף הלך לו : הנצנים נראו בארץ עת הזמיר הגיע וקול התור נשמע בארצנו : התאנה חנטה פגיה והגפנים׃ סמדר נתנו ריח קומי לכי רעיתי יפתי ולכי־לך :

« L'hiver est passé, la pluie a cessé d'inonder nos campagnes. Déjà » les fleurs s'épanouissent dans nos prés, des gazouillemens se font » entendre, le roucoulement du ramier frappe nos oreilles; déjà » on aperçoit la figue verte sur son rameau; la vigne en fleurs » répand son doux parfum : lève-toi donc, ô ma bien-aimée ! » viens, ô beauté que j'adore ! » *Ch. II, v. 11 et suiv.*

P. 16, l. 2. نزه est le pluriel de نزهة.

P. 17, l. 1. J'ai mis à dessein les mots *prédestination* et *prémotion*, qui sont la traduction littérale des mots arabes القضا et القدر.

P. 17, l. 4. Voici encore une irrégularité du langage moderne, que j'ai, mal à propos, négligé de corriger; car il faut هذه الدار.

ALLÉG. IV. — LE NARCISSE.

P. 17, l. 8. Le نرجس ou نرجیس, en persan نرگس, est le *Narcissus Tazetta* de Linnée, selon Forskal *(Flor. Æg.-ar. p. LXV)*, et selon M. Delile *(Ouvrage sur l'Égypte, Hist. nat. t. II, p. 59)*, et le *Narcissus orientalis*, selon Sprengel *(Rei herb. Hist. t. I, p. 255)*.

Il paraît plus probable que le نرجس est le *Narcissus orientalis*, qui croît dans les campagnes de l'Orient, que le *Narcissus Tazetta*, qui se trouve sauvage en France, en Espagne et en Portugal. Les deux espèces se ressemblent d'ailleurs beaucoup, et l'on peut facilement les confondre: leurs fleurs sont également blanches, à centre jaune, et très-odoriférantes.

P. 17, l. 9. J'aurais pu mettre également, au lieu du *myrte*, la *rose* ou toute autre fleur.

P. 17, l. 15. C'est probablement à cause de la hampe du narcisse, laquelle donne à cette fleur l'air d'être debout, que l'auteur nomme le narcisse خادم, *serviteur*. Cet ouvrage n'est pas le seul où l'on peigne le narcisse sous ces traits. On trouve par exemple dans Ebn-Tamin *(Poës. as. Comm. p. 145, édit. or.)*:

اما ترى الورد غدا جالسا   اذ قام فى خدمته النرجس

Nonne vides rosam sedentem, ad cujus servitium surgit narcissus!

P. 17, l. 17. Il est peut-être ici question du خدمة dont parle M. de Sacy dans le *Pend-namèh, p. 196,* c'est-à-dire, du service des hommes consacrés à Dieu d'une manière particulière, ou du service de Dieu que l'on appelle plus communément طاعة.

P. 17, l. 20. Deux manuscrits portent وضيفة, qui est l'orthographe et la prononciation vulgaire; car, comme on le sait, les lettres ث, ذ et ظ n'existent point dans le langage commun : on substitue, soit dans l'écriture, soit dans la prononciation, à la première un ت, à la deuxième un د, et à la troisième un ض; mais il faut observer que toutes les fois que les lettres ث, ذ et ظ sont écrites, on est obligé de les prononcer suivant leur véritable prononciation, c'est-à-dire, ث *tha* (*th* anglais dur), ذ *tha* (*th* anglais doux), et ظ *za* (*z*); et *vice versâ*, lorsqu'on les a remplacées par ت, د et ض, il ne faut point admettre l'autre prononciation.

P. 17, *l.* 21. Je voulais d'abord donner au verbe جلس le sens figuré que les Persans donnent souvent au verbe نشستن, comme, par exemple, dans ces jolis vers de la préface du *Gulistan* :

گلی خوشبوی در حمام روزی

رسید از دست محبوبی بدستم

بدو گفتم که مشکی یا عبیری

که از بوی دلاویز تو مستم

بگفتا من گل ناچیز بودم

ولیکن مدتی با گل نشستم

کمال همنشین در من اثر کرد

وگرنه من همان خاکم که هستم

« J'étais un jour au bain, lorsqu'une main chérie me jeta une
» boulette d'argile parfumée. Es-tu musc ou ambre, lui dis-je ! je
» suis enivré par ton odeur délicieuse. Je n'étais, me répondit-elle,
» qu'une misérable argile ; mais j'ai demeuré avec la rose (je me suis
» assise avec la rose, c'est-à-dire, on m'a mise avec la rose), et sa
» précieuse société (la perfection de la personne assise avec moi)
» a produit l'effet que tu admires ; sans cela, je serais toujours ce
» que j'étais d'abord. »

Mais il est plus naturel de traduire ici جلس dans le sens propre, et le vers d'Ebn-Tamim que j'ai cité plus haut, m'y a entièrement décidé.

P. 18, *l.* 3. Je lis avec le ms. D, فی شرب كاسی

P. 18, *l.* 4. On voit que l'auteur joue ici sur les mots كاسی, *ma coupe*, et كاسی, pour كاس, nom d'*agent*, de كس

P. 18, *l.* 5. Ahmed Teïfaschi, *Fior di pensieri sulle pietre preziose*, *p.* 17, dit qu'il faut ponctuer le ذال de زمرد ; je n'ai cependant jamais vu ce mot écrit de cette manière. Je suis forcé de relever ici une méprise assez forte de l'éditeur italien, qui, ne s'étant pas souvenu de la signification du mot معجمة, qui est le terme technique pour désigner une lettre affectée de points diacritiques, a traduit les mots بذال معجمة par *il dzal degli Agiamini*, et qui de plus a ajouté en note *p. 82*, *Agiamini, plurale di Agiami (vocabolo che significa barbaro, estraneo, straniero), son chiamati dagli Arabi tutti coloro che non appartengono alla loro nazione, ma più specialmente i Persiani*.

P. 18, l. 8. Saadi a dit également, *Gul.* II, 8 :

شخصم بچشم عالمیان خوب منظر است
وزخبث باطنم سر خجلت فتاده پیش

« Ma personne est un objet agréable aux yeux des hommes; mais
» je baisse la tête de la confusion à cause des vices de mon in-
» térieur. »

On retrouvera encore la même pensée dans l'allégorie de l'anémone.

P. 19, l. 3. Le ى, dans الاولی, est la saturation du *kesra*: on l'a mis pour conserver l'uniformité de la rime; car il faut lire اوّل, plur. de اولی.

P. 19, l. 4. Le mot غد *demain*, se prend souvent en arabe, de même que فردا en persan, pour *la fin de la vie*, comme dans cet hémistiche du *Boustan* de Saadi (*Pend-namèh, p. 240*):

ننادی که فردا بکار آیدش

« Cet avare ne donnait point, négligeant ainsi d'amasser des mé-
» rites qui pussent lui servir à l'heure de la mort [*demain*]. »

النادمین est la leçon du ms. A ; les trois autres manuscrits portent القادمین

P. 19, l. 6. A la lettre : « ma prunelle, que dis-je ! le petit
» homme ou la petite figure que l'on y voit. » Les Orientaux se
servent souvent de cette expression.

P. 19, l. 7. Au lieu de فی اجلی, le ms. D porte من وجلی : cette leçon serait peut-être préférable, mais le sens alors différerait.

P. 19, l. 10. Allusion à ces mots du *Coran*, XVII, 12, وکان الانسان عجولا. Il est probable que l'auteur veut aussi jouer sur la signification de *limon, boue*, &c. qu'a également le mot عجل.

ALLÉG. V. — *LE NÉNUFAR.*

P. 19, l. 12. Le ms. A porte بلنوفر. Les mots لينوفر, بنوفر et نوفر, sont les manières plus vulgaires d'écrire et de prononcer le mot نيلوفر, qui est le *Nymphæa Lotus*, de Linnée. Forsk. *(Descript. anim. Mat. med. p. 148)* dit qu'on nomme aussi cette plante شنين. Dans l'*Ouvrage sur l'Égypte, Hist. nat. t. II, p. 64.* M. Delile lui donne encore le nom de بشنين عربى, et celui de بشنين الخنزير au nénufar bleu. Ce qu'il y a de certain, c'est que le nom que l'on donne communément en Égypte au *Nymphæa*, est بشنين, et celui que l'on donne à ses fleurs عرائس النيل. Voyez les ouvrages susdits, et Savary, *Lettres sur l'Égypte, t. I, p. 323.*

P. 20, l. 1. Ceci, et une grande partie de ce qui suit, est certainement mystique. Il n'est pas difficile de s'apercevoir que le nénufar est l'ame, et que l'eau est la Divinité.

P. 20, l. 7. C'est absolument la fable de Tantale : *Quærit aquas in aquis.*

P. 20, l. 15. J'ai tâché de rendre, aussi exactement que je l'ai pu, le jeu de mots de l'auteur sur le mot عين ; mais il est impossible de traduire à la lettre قرة عينى, qui signifie proprement « la » fraîcheur de mon œil »; car, la *fraîcheur de l'œil* signifie, en arabe, « le bonheur, le plaisir, la joie, &c. » C'est par une idée analogue, que, pour « Bonne nuit », les Arabes disent ليلتك بيضا « Que votre nuit soit blanche ».

P. 20, l. 21. On a imprimé حذاى, qui est la leçon des quatre manuscrits ; mais M. de Sacy conjecture qu'il faut حذاى, « vis-» à-vis de moi. »

P. 21, l. 1. Au lieu de تمام, le ms. B porte قيام.

P. 21, l. 5. ما كنت لا اثر ولا عين pourrait se traduire par l'expression familière : « Je n'existerais, ni en peinture, ni en » figure. »

P. 21, l. 6. Il est indispensable d'avertir que ces vers sont complètement mystiques, afin qu'on puisse les entendre.

P. 21, l. 10. Les Orientaux comparent souvent les sourcils des beauté à un arc, et leurs œillades à des flèches. Rien n'est si fréquent chez les poëtes persans : je me contenterai d'en citer un exemple tiré de l'*Anvari Sohéili*, p. 84, ٢.

زابرو کمان کرده وزغمزه تیر

به تیر وکمان کرده صد دل اسیر

« Elle avait fait de ses sourcils un arc, et de ses œillades des
» flèches : au moyen de cet arc et de ces flèches, elle avait rendu
» cent cœurs esclaves. »

Il est probable qu'il faut entendre ainsi كان الهوى اذ رمى سهمه

P. 21, l. 13. Il y a ici un jeu de mots entre تداني et أدنى. Cet hémistiche signifie à la lettre : « Elle a fait semblant de s'appro-
» cher de moi, et elle a approché de mes côtés un amour, &c. »

P. 21, l. 14. On voit qu'il y a encore ici un jeu de mots entre
قن دنا, « il s'est approché, » et قدّنا, « il nous a mis en pièces. »
C'est une suite du premier jeu de mots.

P. 22, l. 2. Au lieu de سينا, on lit dans le ms. B, قوتي, dans le
ms. C, قدسي, et dans le ms. D, قلب
Le mont Sinaï est en grande vénération parmi les musulmans,
à cause que c'est là que la loi fut donnée aux Israélites. On lit dans
le *Gulistan*, I, 3 :

اقل جبال الارض طور وانه لاعظم عند الله قدرًا ومنزلًا

« Le mont Sinaï est la plus petite des montagnes ; mais elle est
» en très-grande considération auprès de Dieu, par sa dignité et
» par le rang qu'elle tient par-dessus les autres montagnes. » Voyez
d'Herbelot, *Bibl. or.* au mot *Thour*.

J'ai paraphrasé le dernier vers, pour amener un peu mieux
a mention du mont Sinaï.

ALLÉG. VI. — *LE SAULE D'ÉGYPTE.*

P. 22, l. 6. Le mot arabe بان se donne à deux végétaux très-dif-
férens. Le premier est le *Guilandina Moringa* de Linn. (*Moringa oleifera*, Lam. ; *Moringa zeylanica*, Persoon. ; *Hyperanthera Moringa*, Vahl. et Willd.)

Cet arbre croît au Malabar, à Ceylan et dans d'autres régions des Indes orientales. Ses fleurs sont odoriférantes. Nos distillateurs se servent de préférence de l'huile de ben pour fixer le parfum des fleurs: on mouille du coton d'huile de ben *(Oleum balanicum*, tiré du fruit ou *Nux been)*, et on place les feuilles de rose ou de toute autre fleur entre ce coton mouillé; en chargeant d'un poids la masse entière, l'huile essentielle et aromatique s'unit à l'huile fixe du *Guilandina*. (Aldin. *Hort. Farnes. p. 179*).

Olaus Celsius, dans son *Hierobotanicon sive de Plantis sacræ scripturæ*, *t. II, p. 1*, dit que le נרד hébreu a été traduit en arabe par بان dans plusieurs endroits de l'Écriture, *De quo ban*, ajoute-t-il, *inter herbarios non minima est controversia. Planè autem ea est quæ Græcis* βάλανος μυρεψική, *et Latinis Glans unguentaria, dicitur; genere, Bonduk Plumierio, Guilandina Linnæo. Fructus est* حب البان *undè oleum exprimitur, &c.*

Ce que dit d'Herbelot, *Biblioth. orient.*, soit à l'article *Ban*, soit à l'article *Maharah*, a trait au *Guilandina Moringa*. Voyez aussi Murray, *Appar. med. tom. II, p. 523*.

Le second végétal auquel le nom de بان s'applique, et que les Arabes nomment aussi خلاف, est le *Salix ægyptiaca* de Linnée, qui est originaire d'Égypte, de Syrie, de Perse et des environs d'Astracan. C'est un grand arbre à rameaux alongés et un peu cassans: il diffère par ce caractère seul du *Salix babylonica*, que tous les botanistes regardent comme une espèce distincte qui croît dans le Levant et en Égypte, et que les Arabes appellent غرب *Garb*. (ערבים) Voyez Rauwolf, *Descript. It.*

Pour ne rien laisser à desirer sur ce second بان, je vais citer ce que Prosper Alpin (*de Plantis Ægypti, p. 61, 62*) dit de cet arbre. « Arbusculum fruticosum in Ægypto reperitur, quod meâ
» quidem sententiâ salicis genus existit, nasciturque in locis hu-
» midis, foliis aliquatenùs salici proximis, sed multò majoribus;
» quippè longioribus ac latioribus. Floresque ejus sunt quidam
» globuli oblongi, albi, lanuginosi, caudici, penè foliorum radices
» nascentes, quotque in arbore folia existunt, tot flores emittit:
» crescit arbusculum hoc ad viticis magnitudinem, ramis multis,
» sive stolonibus rectis: ex floribus, ut audio, distillant aquam

» maca'af vocatam, quam insignes vires ad exsiccandam putredi-
» nem, atque ad venena et ad cor recreandum habere illi præ-
» dicant: in febribus pestilentibus, ipsa pro secreto auxilio apud
» illos habetur. Aquam etiam, in quâ multi flores infusi aliquan-
» diù manserint, vel in quâ ebullierint, exhibent ad dolores ca-
» pitis, atque ad virium recreationem, quam et ipsam validè pu-
» tredini ac venenis obsistere experti sunt. Estque ipsorum decoc-
» tum, ac infusio in aquâ paratâ, ad quoscumque febricitantes,
» apud illos in maximo usu. » Voyez aussi ce que dit de cet arbre
Veslingius, dans ses observations sur Alpin, *p. 21.*

Sprengel *(Rei herb. Hist. t. I, p. 270)* dit également que l'on distille des boutons des fleurs de cet arbre une eau très-parfumée.
Cette eau est sans doute la même dont parle Chardin, sous le
nom persan de عرق بيد *(tom. III, p. 136, édit.* de M. Langlès *)*, de laquelle les Persans tirent un esprit excellent qui sert
aux parfums et à se frotter le corps. *(Tom. IV, p. 66.)*
Kæmpfer, dans ses *Amœnitates exoticæ*, parle aussi d'une eau que
l'on distille d'un saule de Perse, qui est probablement le même.

La cause de la dénomination de بان, donnée à deux végétaux si différens l'un de l'autre, vient peut-être de l'usage qu'on
a de fixer les parfums sur l'huile de *ben*, ce qui aura fait donner
au parfum le nom de l'huile sur laquelle il est fixé, ou *vice versâ*;
d'où l'on aura ensuite confondu les deux végétaux qui produisent,
l'un, l'huile de *ben*, et l'autre, l'eau de *khalaf* ou *ben*; végétaux
bien différens sous le rapport même des essences qu'on en tire,
puisque l'huile de *ben* est le produit de la graine du *Guilandina*,
tandis que l'eau de *khalaf* est celui des fleurs du saule.

Il reste actuellement à savoir si le *ban*, auquel les Arabes comparent sans cesse la taille légère et les mouvemens pleins de
grâces de leurs maîtresses, est le saule ou le *Moringa*; mais nous
avons vu que le *Guilandina Moringa* n'est proprement indigène
que dans les Indes orientales; or les Arabes ne parleraient pas si
fréquemment d'un arbre qu'on ne cultive que dans quelques jardins.
Nous voyons, au contraire, que le *Salix ægyptiaca* croît dans tout

l'Orient; et le genre auquel il appartient nous indique assez qu'il a de la grâce dans son port, et que ses rameaux se balancent facilement. S'il faut une preuve plus convaincante, j'invoquerai l'autorité de Soyouti, qui, dans son ouvrage intitulé *Mecamat* (man. ar. de la Bibl. du Roi, n.° 1590), place ceci dans un art. sur le بان:

ويكفى فى وردى قول ابن الوردى
تجادلنا اماء الزهر اذكى   ام للخلاف ام ورق القطاف
وعقبى ذلك للجدل اصطلحنا   وقد وقع الوفاق على للخلاف

« Nous nous sommes disputés pour savoir laquelle a le parfum le
» plus fin, de l'eau du khalaf, ou de celle des feuilles de l'arroche:
» après nous être bien querellés, la paix a été faite, et d'un commun
» accord nous nous sommes décidés en faveur du khalaf. »

D'où il est évident que Soyouti considère le بان (qui est nécessairement celui des poëtes arabes) comme synonyme de خلاف; or ce mot est un autre nom du *Salix ægyptiaca* (*), comme on l'a vu plus haut. Il résulte donc de ces différentes preuves que le بان des poëtes arabes est le *Salix ægyptiaca*, et non le *Guilandina Moringa*, ou *Glans unguentaria*.

Lorsqu'on réfléchit sur l'habitude de mettre en contact l'huile de *ben* et les fleurs dont on veut fixer les parties aromatiques, on pourrait être tenté de trouver dans cette allégorie des preuves que le بان dont il est ici question, est celui qui donne l'huile de *ben*: mais tout ce que l'auteur dit du port de cet arbre s'oppose à cette idée. La rose et les fleurs du saule donnent également des essences; elles subissent le même sort, on les livre à un feu ardent pour faire monter leurs esprits: il n'est donc pas surprenant que le poëte fasse allusion à cette fraternité et à cette analogie dans l'usage de deux productions naturelles.

Jusqu'à ce jour, les orientalistes ont cru que le *ban*, dont parlent si souvent les Arabes, est le *Moringa*, et ils l'ont traduit par *myrobalan*. Je viens d'exposer les raisons qui me font penser que le بان qui joue un si grand rôle dans les poésies arabes, est le saule

---

(*) Il ne faut pas confondre ce Khalaf avec le Chalef (*Elæagnus*), en ar. نجد

K

d'Égypte : actuellement, en supposant que ce fût bien le *Moringa*, peut-on le traduire par *Myrobalan*?

Pline *(Nat. Hist. l. XII, 46)* parle d'un *Myrobalan* que le P. Hardouin donne comme synonyme du βάλαος μυρεψική *(Glans unguentaria)* de Dioscoride, *IV, 160.*

Bodæus à Stapel *(Theophrasti Hist. Plant. l. II, c. 8, p. 97)*, dit : « *Idem sunt* μυροβάλανος, *et* βάλανος μυρεψική. *Glans unguentaria, quòd unguentis pretiosis adderetur.* »

Aëtius *(lib. X, cap. 11)* parle en ces termes : Ἀλλ' ἡ τῶν μυρτῶν βάλανος ἣν μυροβάλανον καλῶσιν, εὐέμετος γίνεται, εἰ μὴ μετ' ὀξυκράτε ποθείη.

Plempius, *Canon d'Avicenne, lib. II, tr. 2, c. 2, p. 67,* au mot *Ban (Glans unguentaria)*, dit en note : « *Græci Balanum myrepsicam vocant et Myrobalanum.* »

Tout ce qu'on vient de lire a donc autorisé les orientalistes à traduire le *Glans unguentaria* par *Myrobalan*; mais comme ce dernier nom s'applique aussi à des végétaux très-différens, on a donné au *Glans unguentaria* le nom de Myrobalan des Latins, et au هليلج celui de Myrobalan des Arabes.

Le texte suivant de Saumaise *(Plinianæ exercitationes in Solinum, p. 335)* jettera de la clarté sur cette distinction : « *Veteres Myrobalanum de Glande unguentariâ tantùm dixere, quam et* βάλανον μυρεψικήν. *Cui simile nihil habent, quæ* Myrobalana *hodiè vocantur, prunorum in genere* [هليلج]...... *Nec leviùs errant qui Myrobalanum in eodem Plinio, non de Glande unguentariâ capiunt, sed de flavâ Myrobalano officinarum, quæ Palmulæ similis est, &c.* »

Je crois cependant que, pour éviter la confusion, il vaut mieux réserver le nom de Myrobalan au هليلج [Myrobalan des Arabes]. Relativement à ce dernier végétal, voyez les notes sur la huppe.

Richardson *(Pers. ar. and engl. Dict. by Wilkins, v. I, p. 158)* dit que le بان est un myrobalan qui donne le benjoin, qui croit dans l'Arabie heureuse et qui ressemble au tamaris. Les quatre assertions de cette phrase sont également erronées et contradictoires : le *ban* n'est pas le myrobalan ; celui-ci ne croît pas en Arabie ; le benjoin vient d'un styrax, et ni le styrax ni le myrobalan [*Terminalia*] ne ressemblent au tamaris ; c'est plutôt le saule qui, vu de loin, a, par son port, une faible ressemblance avec le tamaris.

P. 22, l. 21. Les mots اهتزت وربت sont du *Coran, XLI, 39.*

P. 22, l. 22. Allusion à la résurrection générale. Les mots نفخ فى صور se trouvent sans cesse dans le Coran. Je me contenterai d'indiquer le verset 99 de la surate XVIII.

P. 22, l. 24. Allusion aux versets abrogeans et abrogés. Voyez Marracci, *Ref. Alc. p. 46.*

P. 23, l. 16. Les mots لم يلد ولم يولد ولم يكن له كفوا احد sont du *Coran, CXII.*

P. 23, l. 19. C'est-à-dire, « mon bonheur comme un rossignol. » Cette manière de s'exprimer se voit très-fréquemment chez les écrivains orientaux. J'en citerai un seul exemple, tiré de la Vie de Tamerlan, par Ahmed ben-Arabschah (édit. de Manger, *tom. II, p. 164*): وصحفات الرياض بانامل صباغ القدرة تلونت وعروس البروض قد اخذت من صواغ للحكمة زخرفها وازينت
Ces mots signifient à la lettre : « Les pages des jardins se coloraient
» par le moyen des doigts du teinturier de la puissance divine, et
» l'épouse des parterres se parait d'ornemens précieux, fournis par
» l'orfévre de la sagesse divine. » Ce qui veut dire : « La puissance
» divine, que l'on pourrait comparer aux doigts d'un habile tein-
» turier, colorait les jardins, dont la surface aplanie ressemble
» aux pages d'un livre ; et la sagesse divine, comme un orfévre
» intelligent, donnait aux prés, semblables à une nouvelle mariée,
» leur beauté et leur verdure. »

P. 24, l. 25. Les mots لاثم النشر ne sont pas très-clairs ; ils semblent signifier *baisant l'odeur*, et c'est le sens que j'ai suivi en adoucissant l'expression. Peut-être pourrait-on traduire aussi, *brisant son* bourgeon; car لَثَم signifie encore *fregit, quassit*, et نشر *prima plantæ germinatio.*

P. 25, l. 8. Les mots ايدى النوى signifient à la lettre, *les mains de la distance;* mais ايدى, comme يد, est souvent explétif, et peut-être l'est-il également ici : c'est ainsi qu'on lit dans la VII.ᵉ séance de Hariri, لقد عددتها (الرقاع) لما استعنتها فوجدت يد الضياع قد غالت احدى الرقاع

P. 25, l. 10. ذوى est la leçon du ms. D. Le ms. A porte درى, et les mss. B et C portent دوى. Du reste, ce vers ne me paraît pas très-clair.

P. 25, l. 18. Les mots على العرش استوى sont du *Coran,* XX, 4.

P. 25, l. 23. Allusion au premier verset de la surate LIII du *Coran.*

ALLÉG. VII. — *LA VIOLETTE.*

P. 26, l. 2. Viola odorata, Linnée. (M. Delile, *Ouv. sur l'Égypte, Hist. nat.*, t. II, p. 56.) Je dois faire observer qu'en arabe vulgaire on dit également منفسج : comme l'on dit مقدونس et بقدونس *persil* (*Apium Petroselinum* de Linnée. Forskal, *Fl. Æg.-ar.* p. LXIV), بناع et مناع *propriété,* &c.

P. 26, l. 12. On voit que l'auteur joue sur les mots جِلْس et جَلَس, qui s'écrivent de même, mais dont les voyelles sont différentes. On a déjà vu ce jeu de mots dans l'allégorie de la rose.

P. 26, l. 22. On lit dans le ms. A. واتقوى على ضعفى واعسفى فى ترفى &c.

P. 27, l. 11. Les mots معانى et حِكَم [qualités cachées, vertus intérieures, &c.] sont ici par opposition à نضارة [beauté extérieure]. L'auteur veut dire que les gens qui ne font attention qu'à la beauté extérieure, méprisent la violette lorsqu'elle se fane; mais qu'alors ceux qui considèrent les qualités intérieures, les vertus des simples, &c. la prennent.

P. 27, l. 21. C'est-à-dire : « Ils n'ont en vue que mes propriétés

» physiques, et ne tiennent point compte de mes qualités morales, » ni des leçons qu'ils pourraient tirer de moi. »

P. 28, l. 5. L'iacout ياقوت a six variétés. C'est, à n'en pas douter, le saphir de Werner et de Brochant, la télésie (*Corindon Télésie*) de Haüy, qui renferme l'iacout rouge ou rubis d'Orient, l'iacout jaune ou topaze d'Orient, et l'iacout bleu ou saphir oriental.

On confond facilement avec le ياقوت, le بنفش, le بيجاده et le بادنج, qui sont des variétés d'almandine ou de grenat d'Orient.

Comme des orientalistes peu versés dans la connaissance des minéraux de l'Asie, n'en traduisent pas toujours avec assez de précision les noms arabes, j'ajouterai ici les observations suivantes:

Le زمرّد des Arabes est notre émeraude; le زبرجد est la chrysolithe, le لعل le spinelle [*spinelle rubis* et *rubis balais*], le عقيق la cornaline; le جزع onyx, se divise chez les Orientaux d'après le nombre de ses couches; le لاجورد est le lazulite; le يشب le jaspe, le جمست l'améthyste, le فيروزه la turquoise, et le طلق le talc (*).

Voyez Jos. von Hammer, *Auszug aus dem Werke* جواهر نامه *von Mohammed ben Manssur* (*Mines de l'Or.*, tom. VI, *p. 112 et suiv.*), et *Ahmed Teïfaschi* (S. F. Ravii *Spec. Arab. &c. p. 79 et suiv.*, et *Fior di pensieri &c.* par Raineri; *p. 79 et suiv.*).

ALLÉG. VIII. — *LA GIROFLÉE.*

P. 28, l. 9. Les trois variétés de *Cheiranthus* dont parle l'auteur dans cette allégorie, ne peuvent pas être des variétés d'une même espèce; mais ce sont probablement autant d'espèces différentes. La

---

(*) On voit que les mots *turquoise* et *talc* sont formés de فيروزه et de طلق; c'est ainsi que *chaux* [*calx*] vient de كلس; *émeraude* [*smaragdus*] de زمرّد; *hyacinthe* de ياقوت, &c.

variété jaune odoriférante est peut-être notre *Cheiranthus Cheiri*; la bleue odorante pendant la nuit, le *Cheiranthus incanus* ou *græcus* des jardiniers, ou le *Cheiranthus odoratissimus* de Pallas, dont il est dit: « Crescit in Tauricâ et Persiâ, flores colore et magni-
» tudine Hesperis tristis, vespertino tempore odoratissimi; » la blanche inodore, une variété à fleurs simples du *Cheiranthus incanus*. Le *Cheiranthus chius* a de petites fleurs violettes et inodores.

P. 28, l. 10. Je n'ai pas traduit le mot المبثور ; je ne saisis pas bien la signification qu'il peut avoir ici. Au lieu de ce mot, on lit dans le ms. B الموتور ; et à la place de بالعبر المبثور, le ms. A porte بالعبر المثبور

P. 29, l. 2. A la lettre : « Elle est revêtue, en fait de maladie, d'une robe jaune, et elle est comme les amans, par ce qu'on en voit, et par ce qui est réel. »

منظر est précisément le contraire de مخبر : le premier mot signifie l'extérieur, ce que l'on voit, &c.; le second, la réalité, les qualités intérieures, &c. On oppose encore plus souvent à مخبر le mot خبر, qui signifie, « ce que l'on apprend, ce que l'on en-
» tend dire. » On trouve ces deux mots employés fort souvent dans cette signification précise. Voici ce qu'on lit dans le comment. de Hariri publié par M. de Sacy, sur ces mots de la première séance :

يا هذا ايكون ذاك خبرك وهذا مخبرك خبرك اراد به امرك الذى انت عليه مخبرك اى باطنك وما يختبر منك الخبر خلاف المنظر

« Par خبرك l'auteur veut dire *tes actions, ce que tu fais*, et par
» مخبرك, *ton intérieur, ce que l'expérience apprend de toi*. Le mot مخبر
» est le contraire de منظر. »

Quant à la comparaison que l'auteur fait de la couleur de la gi-roflée jaune à celle du teint des amans, elle ne doit point éton-ner : la pâleur est la couleur des amans; et sous le soleil de l'Asie, la perte du coloris doit nécessairement laisser jaune un visage hâlé; aussi les poëtes orientaux parlent-ils souvent du teint jaune des amans (*). Il est aussi souvent parlé de la pâleur des amans dans nos poëtes européens. On lit, par exemple, dans *les Saisons* de Thompson :

> .... *The grey morn*
> *Lift her pale lustre on the paler wretch*
> *Exanimate by love.*

Ovide leur en a fait même un précepte :

> *Palleat omnis amans : hic est color aptus amanti.*
>
> De Arte amandi, I, 731.

P. 29, l. 6. Au lieu de الذى كاد بكمك يحترق, le ms. B porte الذى من الخوف كبدى أحترق

P. 29, l. 19. On ne lit ces trois vers que dans le ms. A.

P. 30, l. 22. Ceci est mystique. J'ai déjà dit que le vin est l'amour de Dieu : ces coupes sont donc des coupes du vin de l'amour de Dieu.

P. 31, l. 5. على راسى signifie à la lettre *sur ma tête* : c'est l'expression dont on se sert pour répondre aux ordres ou aux demandes de quelqu'un.

P. 31, l. 9. هتك signifie proprement *déchirer*.

P. 31, l. 11. Le mot خلوة signifie, dans le langage mystique, « s'entretenir en secret avec Dieu, sans aucun témoin, pas même » en présence d'un ange : » محادثة السرّ مع الحقّ حيث لا أحد و لا ملك *Kitab Tarifat.*

Tout ceci et les vers qui suivent, sont mystiques ; et il est bon de se le rappeler pour mieux en saisir le sens.

ALLÉG. IX. — *LE JASMIN.*

P. 32, l. 5. Jasminum officinale de Linnée, suivant Forskal, *Flora*

(*) Je crois qu'il est inutile que j'en donne des exemples ; je me contenterai de renvoyer au vers de Hariri que j'ai cité dans mes notes sur la rose, où cet auteur compare une pièce d'or au teint d'un amant.

Ægyptiaco-arabica, p. LIX ; *Jasminum grandiflorum*, suivant M. Delile, *Ouvr. sur l'Égypte, Hist. nat.* t. II, p. 49 ; et *Jasminum fruticans*, suivant Sprengel, *Rei herb. Hist.* t. I, p. 242.

Le *Jasminum officinale* est originaire de la côte de Malabar et de quelques autres parties de l'Inde. Le *Jasminum grandiflorum*, très-voisin du précédent, croît avec lui et dans l'île de Tabago ; il est plus odorant. Serait-ce plutôt le *Jasminum Sambac* de Linnée (*Mogorium Sambac*, Lamb. ; *Jasmin. sive Sambac arabicum*, J. Bauhin, *Hist.*) ? Ce dernier croît également dans l'Inde et sur les côtes de Malabar, où les femmes en enfilent les fleurs, qui sont blanches et très-odorantes, pour les entrelacer dans leurs cheveux.

Le *Jasminum fruticans* est presque inodore, et n'est point, par conséquent, notre ياسمين, qui doit exhaler une odeur très-forte.

P. 32, l. 8. L'auteur joue sur le mot ياسمين, qui se compose de ياس, *désespoir*, et de مين, *mensonge, erreur*, &c. Les mots ان الياس مين signifient par conséquent : « Le désespoir est une » erreur, on ne doit pas s'y livrer. »

Je n'ai pas traduit le mot ويك, qui vient immédiatement après, parce qu'il est difficile de le rendre ici d'une manière satisfaisante. Les lexicographes et les glossateurs arabes disent que ce mot est كلمة رحمة : on pourrait donc le traduire par « pauvre malheureux ! » *Desdichado de ti !* que les Espagnols disent dans le même sens, est la traduction littérale de ce mot.

P. 32, l. 14. Le mot ذوق est emprunté au langage mystique ; l'auteur du كتاب تعريفات le définit ainsi : الذوق فى معرفة الله تعالى عبارة عن نور عرفانى يقذفه الحق بتجلية فى قلوب اوليائه يفرقون به بين الحق والباطل من غير ان ينقلوا ذلك من كتاب او غيره

« Le mot ذوق, comme terme mystique, signifie une lumière spi-
» rituelle que Dieu met, par manière de révélation, dans le cœur

» des hommes qui lui sont agréables ; lumière par laquelle ces
» hommes savent distinguer la vérité du mensonge, sans tirer
» cette connaissance d'un livre ni d'aucune autre chose. »

P. 33, l. 11. Voyez, sur ce jeu de mots, la note qui précède.

P. 33, l. 14. J'ai traduit بين par *malheur*, parce que j'ai considéré ce mot comme l'opposé de جمع dans le sens de *bonheur*.

Cette allégorie n'est pas un modèle de clarté, et ces derniers mots sur-tout ne me paraissent pas très-intelligibles.

ALLÉG. X. — *LE BASILIC.*

P. 34, l. 2. Ocymum Basilicum de Linnée.

P. 34, l. 8. Au lieu de كيف تستريح روح, le ms. A porte كيف يطيب وقت : quant au mot سماع, qui suit, il signifie *chant, concert*, &c. ; mais on l'emploie plus ordinairement pour exprimer la sorte de danse, accompagnée de chants ou de sons d'instrumens, qu'exécutent les derviches.

Pour ce qui est du mot لحن, pluriel الالحان, il signifie proprement *ton* ; de là la musique se nomme علم الالحان, *la connaissance des tons*. Voyez, sur la musique des Orientaux, le *Traité* de M. Villoteau, *Ouv. sur l'Ég., Ét. mod. t. I, p. 606 et suiv.* ; l'extrait d'Ibn Khaledoun, publié par M. de Hammer, *Mines de l'Orient, t. VI, p. 301 et suiv.* ; enfin la note de M. Langlès sur la musique, *Voyages de Chardin, tom. IV, p. 299 et suiv.*, où l'on trouvera la notice des ouvrages qui traitent de cette matière.

Dans les livres de liturgie, les chrétiens arabes se servent du même mot لحن pour exprimer les tons de leur chant d'église, tons qui sont au nombre de huit, comme les nôtres.

P. 34, l. 9. L'auteur joue sur la double signification de ريحان, *Ocymum* et *sustentatio vitæ* ; j'ai tâché de rendre ces deux idées.

P. 34, l. 10. Voici ce qu'on lit dans le *Coran, LVI, 87, 88* : فاما ان كان من المقربين فروح وريحان Mais le ريحان qui est promis aux élus dans le paradis n'est point le basilic, l'orthographe en est même différente : l'auteur joue donc sur l'homonymie des consonnes de ces deux mots.

Le commentateur Beïdawi explique le رَيْحَان du *Coran* par رزق طيب, et Marracci le traduit par *alimentum optimum*.

P. 34, l. 15. L'auteur joue sur la répétition de من جنانى dans un sens différent. Ce jeu de mots est très-sensible en vulgaire, car on prononce toujours *men*, que ce mot soit conjonctif ou qu'il soit préposition. On dit donc ici *men jénani, men jénani*, ou *men ghénani, men ghénani*, suivant la prononciation d'Égypte.

Il y a de nouveau, à la fin de la phrase, le mot جنانى encore dans un autre sens.

P. 34, l. 20. نمام, que Forskal nomme *Mentha Lmam vel Nmam* (*Fl. Æg.-ar.*, p. LXVIII), signifie aussi, avec l'addition d'un *teschdid* (نمّام), *délateur, sycophante*, &c. : voilà la clef du jeu de mots. Il y a une autre observation à faire : il faut frotter les feuilles du basilic pour en sentir l'odeur, au lieu que la menthe répand son parfum d'elle-même, et c'est à quoi l'auteur fait allusion.

P. 35, l. 3. L'auteur a voulu jouer sur les mots أعلام, plur. de عَلَم *signum, vexillum*, et إعلام, nom d'action de la quatrième forme, *faire connaître*. Cette phrase signifie donc à la lettre : « Il » a divulgué son secret comme des signaux, et a répandu son » odeur pour se faire connaître. »

P. 35, l. 12. Les mots جفّت الاقلام se trouvent plusieurs fois dans les livres des Druses, toujours dans le sens de « il n'y » a plus moyen d'y revenir, c'est une affaire finie, &c. » A la lettre, « il n'y a plus d'encre à la plume (il est impossible de » continuer d'écrire ou d'effacer ce qui est écrit). »

P. 35, l. 20. Il y a encore ici un jeu de mots que l'on ne peut faire passer en français. Ces vers s'appliquent à l'auteur, et le mot نمام (la mesure, qui est du بحر nommé الخفيف, indique qu'il faut un *teschdid*) doit se traduire par *délateur* ; mais on voit que l'auteur a eu en vue de dire aussi, en faisant parler le basilic :

« Pourquoi veux-tu que je répande mon odeur plus que je ne le
» fais, puisque je ne suis pas la menthe ! »

ALLÉG. XI. — *LA CAMOMILLE.*

P. 36, l. 2. Il est probable que la *Matricaria Chamomilla*, si commune en Europe, se trouve également sauvage en Syrie et en Égypte. Trois espèces de *Matricaria* (la *Matricaria argentea*, Linn.; la *Matricaria punctata* et la *Matricaria tanacetifl .!*), originaires du Levant, ont beaucoup de ressemblance avec notre camomille, et exhalent comme elle une odeur aromatique.

Le pluriel de اقحوان est اقاح, que l'on a déjà vu dans la préface d'Azz-eddin.

P. 36, l. 10. Ceci fait allusion à cette phrase qui se trouve répétée dans toutes les pages du *Coran*: لهم جنات تجري من تحتها الانهار « Ceux qui auront bien vécu, se reposeront dans des
» jardins baignés par des ruisseaux. »

P. 36, l. 12. Le mot que je traduis par *dîme*, est زكاة, qui est le nom que les musulmans donnent à la partie de leurs biens qu'ils doi : distribuer aux pauvres. Voyez d'Herbelot, *Biblioth. or.* au mot *Zacah*; Mouradgea d'Ohsson, *Tabl. de l'Emp. ott. t. II, p. 403* et suiv. (édit. *in-8.º*), et Chardin, édit. de M. Langlès, *tom. VII*, pages 114 et suiv.

Pour que l'on comprenne parfaitement ce que l'auteur dit ici, je ferai observer que ce devoir n'oblige que ceux qui possèdent une certaine quantité de biens déterminée par la loi.

P. 36, l. 20. Allusion (تلميح) à ces mots du *Cor. III, 5*: هو الذي انزل عليك الكتاب منه ايات محكمات هن ام الكتاب واخر متشابهات « C'est Dieu qui t'a envoyé ce livre où il y a des
» versets clairs, qui sont l'essentiel de l'ouvrage, et des versets
» obscurs (c'est-à-dire, qui ont différens sens). »

P. 37, l. 2. L'auteur joue sur l'homonymie de ما ثَمّ, *ce qui est ici*, et مَأْثَم, *faute*, &c.

P. 37, l. 14. J'ai déjà parlé, dans les notes sur le jasmin, du sens du mot جمع opposé à بين ; le voici, dans le même sens, opposé à شمل.

P. 37, l. 18. Au lieu de بنوح على من علم بشأني, le man. A porte بنوح على من يدرى بأنى

P. 37, l. 19. فنى est pour فنّ, à cause de la rime.

P. 37, l. 24. Le ms. D ajoute ce vers :

ومن حضر السماع بغير قلب ولم يطرب فلا يلم المغنى

« Que l'homme insensible qui assiste à un concert sans éprouver
» aucune sensation de plaisir, ne critique pas, du moins, le chan-
» teur. »

ALLÉG. XII. — *LA LAVANDE.*

P. 38, l. 2. Forskal rend خزامة, qui est le nom d'unité de خزام, par *Lavandula Spica*, de Linnée (*Descript. an. Mat. med. pag. 147*), et خزام, par *Cleome ornithopodioides* (*Fl. Æg.-ar. p.* CXVI) ; mais notre خزام est certainement une espèce de *Lavandula*, peut-être la *Lavandula Spica*, ou la *Lavandula carnosa* de Linnée fils, laquelle croît dans l'Inde, sur des rochers, et non le *Cleome ornithopodioides*, qui est une plante puante et sans apparence.

Pour saisir le sens de tout ce que l'auteur dit dans cette allégorie, il faut savoir que la lavande n'est pas cultivée dans l'Orient, qu'elle ne se trouve que dans les lieux incultes et déserts, et qu'on ne l'estime pas assez pour en porter dans les marchés ; tandis que les autres plantes odoriférantes, comme le basilic, la menthe, &c., sont recherchées, et ornent les chambres et les salles à manger des Lévantins. Avec ces données, on comprendra aisément ce qui sans cela paraîtrait énigmatique.

P. 38, l. 6. ما لى والزحام signifie à la lettre : « qu'ai-je à faire
» avec la troupe (des fleurs). »

P. 38, l. 13. جرف هأر est proprement la berge rongée par la rivière.

P. 38, l. 21. La sensualité des Orientaux, par rapport aux odeurs et aux parfums, est poussée à un point indicible. Ils emploient sur-tout le musc et l'odeur composée qu'exhalent les pastilles du sérail : ils ornent en outre leurs salons de plantes céphaliques, comme le basilic, la menthe, &c. et de toutes sortes de plantes odoriférantes : ils brûlent dans des cassolettes (مجمرة), du bois d'aloès (عود), du benjoin (بخور جاوى), et d'autres aromates ; et ils répandent sur eux-mêmes et sur les personnes qui viennent les visiter, de l'eau de rose (ماء ورد), en la faisant dégoutter d'une sorte de flacon (مرشّة ou قمقم), dont le bouchon d'argent ou d'autre matière est percé en sorte que l'eau peut passer au travers. Mais les derviches et les gens d'une morale sévère ne se laissent pas aller à ces excès de sensualité : aussi voit-on que l'auteur traite de الهازل, اللاعب, et plus bas de الفسّاق, ceux qui s'y livrent.

P. 38, l. 22. Voyez, à cause du mot نجس, les notes sur la préface.

P. 38, l. 24. Artemisia judaïca de Linnée, suivant M. Delile *(Ouv. sur l'Égypte, Hist. nat. t. II, p. 73)*. Golius dit qu'on se sert de la graine du شيح pour détruire les vers.

L'espèce nommée شيبه, qui est, à ce qu'il paraît, la plus commune en Égypte, est l'*Artemisia arborescens*.

P. 38, l. 24. Le غزال des Arabes est l'*Antilope Dorcas* de Linn. Au lieu de الغزال, le ms. A porte الرعراع et le ms. D العرعار.

P. 39, l. 3. تسبيح signifie proprement « déclarer Dieu exempt « de toute imperfection, le louer ; » mais, dans l'acception ordinaire, ce mot signifie *chapelet,* parce qu'en effet les Musulmans, dans leur chapelet, louent Dieu de toutes ses perfections, ou invoquent ses noms excellens. Ces noms ou attributs de Dieu sont au nombre de quatre-vingt-dix-neuf, lesquels, avec le nom d'*Allah,* font cent. C'est pourquoi leurs chapelets sont ordinairement de cent grains. Voyez d'Herbelot, *Bibl. or.*, au mot *Esma*.

« Les laïques tiennent le chapelet à la main ou dans la poche,

» par pure dévotion ; il est encore d'usage, chez les femmes de qua-
» lité, de tenir dans leurs mains un long chapelet, dont les grains
» sont pour l'ordinaire de jaspe, ou d'agate, ou d'ambre blanc, ou
» de corail, très-artistement ciselés ; quelques-uns même sont entre-
» mêlés de perles fines, et ornés de glands à fil d'or. Les femmes
» comme les hommes s'en servent par manière d'amusement et
» de contenance. Les derviches portent le chapelet à la ceinture,
» par état. » Mouradgea d'Ohsson, *Tabl. de l'Emp. ott.* t. *IV*, p. *147
et 631*, et voyez Chardin, éd. de M. Langlès, t. *VII*, p. *24 et suiv.*

Je renvoie ceux qui desireraient connaître les quatre-vingt-dix-neuf attributs de Dieu, dont se compose le chapelet des musulmans, à la dissertation de M. de Hammer, intitulée *Über die Talismane der Moslimen*, qui est insérée dans les *Mines de l'Orient*, t. *IV*, p. *155* et suiv.

Le mot تقديس s'unit presque toujours à تسبيح, et signifie, encore plus particulièrement que تسبيح, « déclarer Dieu exempt
» de toute imperfection, et de tout ce qui ne sied pas à sa majesté ;
» célébrer sa sainteté, &c. »

P. 39, l. 8. Le mot الذبيح, qui signifie *l'immolé*, est le nom que les Orientaux donnent à Ismaël. Ils disent qu'Abraham ayant voulu le sacrifier, Gabriel l'en empêcha, par ordre de Dieu, et substitua en sa place un belier, que le père et le fils sacrifièrent au même lieu où ils bâtirent depuis le temple de la Mecque. D'Herbelot, *Bibl. or.*, au mot *Ismaïl ben-Ibrahim*. On voit que c'est absolument ce que Moïse raconte d'Isaac.

P. 39, l. 16. سوق النفاق signifie à la lettre, « le marché où les
» marchandises se vendent bien. »

P. 39, l. 17. فسّاق est le pluriel de فاسق

P. 39, l. 20. شمّر signifie *laciniam amiculi seu operimenti sustulit ;* de là شمّر عن ساق signifie « se découvrir la jambe. » On sait que les Orientaux ne portent point de bas, et que leurs habits, qui sont très-longs, leur couvrent entièrement les jambes ; il est donc naturel qu'ils les relèvent, et qu'ils découvrent ainsi leurs jambes, toutes les fois qu'ils veulent monter à cheval. On emploie le même verbe شَمَّر pour signifier: se retrousser, afin de marcher plus librement (*). On lit dans *Hariri*, séance XV.ᵉ اهلك والليل فشمّر الذيل وبادر السبيل « Voici la nuit, pense à rejoindre ta famille, » retrousse ta robe et n'attends pas la pluie. »

On trouve la même idée dans Horace, *Sat. l. 1.ᵉʳ, s. 5*:

Hoc iter ignavi divisimus, altiùs ac nos
Præcinctis unum.

A la lettre: « Voyageurs indolens, nous avons fait en deux » traites un trajet que des gens retroussés plus haut [plus ingambes] » que nous eussent fait en une. »

P. 39, l. 27. On traduit ordinairement le mot حاد par *chamelier*, mais ce mot désigne proprement celui qui précède les chameaux en chantant. « Une chose fort à remarquer sur les cha- » meaux, c'est qu'on leur apprend à marcher et qu'on les mène » à la voix avec une manière de chant. Ces animaux règlent leur » pas à cette cadence, et vont lentement ou vîte, suivant le ton de » voix; et tout de même, quand on veut leur faire faire une traite » extraordinaire, leurs maîtres savent le ton qu'ils aiment mieux » entendre. » (*Chardin, t. III, p. 379.*) « Les chameliers, pour se soulager, chantent tour-à-tour » (*Tavernier, t. I, p. 162, éd. de 1724*): c'est-à-dire qu'ils font tour-à-tour les fonctions de حاد.

P. 40, l. 11. النداما ou الندامى est le plur. de ندمان, *compotor, sodalis, &c.*; on a déjà vu ce mot dans l'épigraphe.

P. 40, l. 22. Au lieu des mots عن طرى, on lit dans le ms. B من طوى

ALLÉG. XIII. — *L'ANÉMONE.*

P. 41, l. 8. شقائق النعمان, pl. شقائق, et plus souvent شقيق

(*) شمّر عن ساقه signifie ensuite simplement *studiosus, promptus et expeditus fuit, festinavit in negotio.*

est généralement traduit par anémone *(Anemone coronaria,* Linn.*)*; mais M. de Nerciat assure que c'est, en Perse, le nom du coquelicot *(Papaver Rhœas,* Linnée *)*. D'un autre côté, la description du شقيق, qu'on lit dans cet ouvrage, soit ici, soit dans la préface (لاطم على حرة خان &c.), convient parfaitement au coquelicot; bien plus, toutes les descriptions du شقيق que l'on rencontre dans différens poëtes orientaux, conviennent également à cette papavéracée, et il me serait facile de le prouver par des citations. On lit, par exemple, dans l'*Anvari*, p. *87*, rect. et vers.

شفایق بر یکی پا ایستادہ چو بر شاخ زمرد جام بادہ

« Le coquelicot sur sa tige, ressemble à une coupe de vin sur
» un rameau d'émeraude. »

Je crois donc qu'il est difficile de douter que le شقيق ne soit réellement le coquelicot.

P. 41, l. 9. Au lieu de مصرح, le ms. B porte مضرح.

P. 41, l. 17. Quoique tous les manuscrits portent de même ولا ناظر الى ساهى, j'ai peine à croire qu'il n'y ait pas de faute. M. de Sacy conjecture qu'il faut lire شاهى

P. 42, l. 27. Il faudrait كثيبًا et سليبًا, mais j'ai laissé ces mots comme ils sont dans les mss., à cause de la rime. Je remarquerai aussi que, quoiqu'on ait imprimé في معناه, je lis عن معناه, qui est la leçon du ms. B.

P. 43, l. 2. Si par شققت ردای, l'auteur veut parler de la peluche de l'anémone, qui ressemble à un vêtement déchiré, c'est alors l'anémone qui parle dans ces vers; mais on pourrait les mettre aussi dans la bouche de l'auteur, ce qui me paraît même plus naturel.

P. 43, l. 10. Dans واحياى et واخجلتى, le اوِ est la particule de complainte حرف الندبة. Voyez la *Gram. ar.* de M. de Sacy, tom. *II,* pag. *80.*

P. 43, l. 14. Le ى dans للاعداى est la saturation (اشباع) du *kesra,* toujours permise en poésie. *Gram. ar.* tom. *II, pag. 374.*

ALLÉG. XIV. — *LA NUE.*

P. 44, l. 5. On voit que l'auteur joue sur la triple signification du mot بـرّ, selon qu'il est affecté d'un *fatha*, d'un *dhamma* ou d'un *kesra*. Quant au mot بُـرّ, je ne sais s'il est synonyme des mots حنطة et قمح *Triticum Spelta* de Linnée, ou s'il exprimerait une espèce différente.

P. 44, l. 6. Voici encore un jeu de mots entre دُرّ et ذَرّ. Ceci fait allusion à l'idée qu'ont les Orientaux que c'est l'eau de la pluie qui forme les perles de la mer. Il y a une très-jolie fable à ce sujet dans le *Boustan* de Saadi. Voyez William Jones, *Poës. asiat. Comm. p. 350*, édit. originale, et Toderini, *Letteratura turchesca, t. I, ch. XV.* Pignotti en a donné une imitation en vers italiens, *fab. XXIII.*

P. 44, l. 7. On voit par les termes dont se sert l'auteur, qu'il fait une allusion continuelle à la génération. أم *mère* peut être pris ici métaphoriquement pour *terre*, d'autant plus que le ms. C porte أرض au lieu de أم

P. 44, l. 11. A la lettre, « les filles des plantes. » On trouve la même pensée dans la préface du *Gulistan*, دایه ابر بهاری را فرمود تا بنات نبات را در مهد زمین بپرورد &c. « Dieu a ordonné à » la nuée printanière, comparable à une nourrice, d'allaiter les » filles des plantes dans le berceau de la terre &c. »

P. 44, l. 19. Il faudrait حطامًا; mais c'est à cause de la rime que l'on a retranché l'*alef*, signe de l'accusatif.

P. 44, l. 24. Je n'ai pas traduit les mots ولو اعترفوا بحنى لكانوا من الجو اطفالى qui ne me paraissent nullement clairs. L'auteur a voulu jouer sur les mots اطفالى et اطفا لى, mais il aurait dû le faire d'une manière moins obscure. On trouve dans la septième séance de Hariri le même jeu de mots, dans un sens différent:

فليت الدهر لما جا را اطفا لى اطفالى

« Ah! plût au ciel que la fortune cruelle, qui m'a choisi pour
» le but de ses traits, m'eût enlevé mes enfans! » Traduction
de M. de Sacy, *Chrest. Ar. tom. III, p. 176.*

P. 44, l. 26. Les mots وجعلنا من الماء, &c. sont du *Coran, XXI,
31.* Voyez la *Bibl. or.* au mot *Bab.* L'auteur, dans la phrase qui précède ce passage, a voulu jouer sur la double signification du mot حى, qui se trouve aussi dans le verset du *Coran.*

P. 45, l. 3. Comme les Arabes du désert sont divisés par tribus, et que ces tribus n'ont pas de demeures fixes, ils sont souvent dans le cas de pleurer le départ de sa tribu de leurs maîtresses, et d'aller gémir sur les traces qu'ont laissées les pieux &c. des tentes de la tribu de leurs amies; aussi trouve-t-on sans cesse, dans les poésies érotiques des Arabes, des idées semblables à celles qui sont exprimées dans ces vers. Les orientalistes connaissent la belle moallaka de Lébid qui commence par cet hémistiche :

عفت الديار محلها فمقامها

« Ils se sont évanouis des lieux où elles avaient établi leur campe-
» ment, les vestiges de leur demeure passagère. » Trad. de M. de
Sacy, *Calila et Dimna, p. 130.*

P. 45, l. 13. J'ai été forcé de couper en deux le mot تله, à cause de la mesure, qui est du بحر nommé الكامل. Voyez, sur la prosodie, le Clerc, *Prosodia arabica*, et Gladwin, *Dissertations on the rhetorick, prosody and rhyme of the Persians.*

P. 45, l. 16. بلبالى est pour بلبالٌ

Après ces vers, on lit ce qui suit, dans le ms. D :

اهارة الروضة

فعبرت على روضة مشرقة بهيّة، مونقة مضيّة، ذات ازهار وانهار، واثمار واطيار، وتجلب السرور، ليس فيها برد ولا حرور، والله تعالى بهون كل صعب من الامور،

LE JARDIN, ALLÉGORIE.

« Je passai dans un jardin on ne peut mieux exposé, aussi
» frais et riant que beau et agréable : des fleurs brillantes,
» des ruisseaux limpides, des fruits, des oiseaux, en augmen-
» taient le charme ; la joie la plus vive y régnait ; ni des
» chaleurs excessives, ni un froid trop vif, n'en altéraient la tem-
» pérature.

« Il est facile à Dieu de rendre aisées les affaires les plus
» difficiles. »

ALLÉG. XV. — LE ROSSIGNOL.

P. 45, l. 18. Je ne sais si les mots بلبل et هزار, عندليب pl. بلابل sont synonymes, ou s'ils expriment des variétés ou des espèces du rossignol proprement dit. هزار est probablement l'abrégé de هزاردستان *mille histoires*, ou de هزار آواز *mille voix* (*). En arabe vulgaire, on nomme le rossignol بلبل هزار; et l'on trouve dans Méninski بلبل هزاردستان : il paraîtrait donc que هزار ne serait qu'une épithète, et que بلبل et عندليب seulement pourraient être synonymes.

Linnée n'a connu qu'une seule espèce de rossignol, *Motacilla luscinia*; mais Bechstein en distingue avec raison deux espèces très-différentes par la taille. La plus grande, qu'il nomme *Motacilla philomela* ne vient pas en France, mais paraît propre aux contrées méridionales de l'Allemagne et à l'Italie; peut-être la trouve-t-on dans l'Orient. La seconde, plus petite, nommée *Motacilla luscinia*, commune dans toute l'Europe, se trouve aussi en Égypte; car on l'a rapportée de l'expédition d'Égypte. Il pourrait donc se faire que si les deux noms بلبل et عندليب appartiennent à des êtres semblables par les couleurs, mais différens

---

(*) Le mot numérique هزار rappelle le nom mexicain du *Turdus Orpheus*, ou *Cencontlatolli*, qui signifie « quarante langues ».

par la taille, on retrouvât ainsi les deux espèces. Voyez les *Oriental. collect. tom. 1*, p. *15 et suiv. et p. 207*.

P. 45, l. 19. Plusieurs اشارة de cet ouvrage commencent par قال. Ce mot se rapporte toujours à l'auteur; et il n'est pas inutile de le remarquer, car il serait facile de croire qu'il faudrait le traduire par « il dit » [*dixit:* ὡς φάπ·], et cette manière de rendre قال pourrait, dans certains cas, paraître meilleure et plus poétique. C'est ainsi que, dans la septième séance de Hariri, celui qui raconte, après avoir cité les paroles d'Abou-zeid, ajoute قال فنهضت فيها امر &c., qu'il semblerait tout naturel de traduire, « Il dit, et je me levai promptement pour aller chercher » ce qu'il demandait; » mais ici, comme par-tout ailleurs, قال se rapporte à l'historien. Je n'ai pas cru devoir traduire ces قال.

P. 46, l. 13. Au lieu de اردد le ms. D porte اكرر, ce qui vaut beaucoup mieux.

P. 46, l. 21. A la lettre, « comme deux fêtes. » Le premier عيدان est le pl. de عود *branche*, ou le collectif de عيدانة *procera palma*, et le 2.ᵉ est le duel de عين *fête*.

P. 47, l. 9. Les mots كل من عليها فان sont du *Coran, LV, 26*.

P. 48, l. 3. عيدان est ici le plur. de عود *lyre*.

P. 48, l. 5. Cette allégorie rappelle la jolie fable de Saadi, dont l'aimable et sensible traducteur de Djami a donné le texte et la traduction la plus élégante et la plus fleurie, dans la *Chrest. Ar. tom. III, p. 482 et suiv.*, et celle de Kaschefi (*Anvari Soheïli, p. 52*, édit. de Calcutta), que William Jones a donnée avec une traduction anglaise dans sa *Grammaire persane, p. 105 et suiv.* et M Wilken avec une traduction latine dans la sienne, *p. 182 et suivantes*.

ALLÉG. XVI. — LE FAUCON.

P. 48, l. 7 *Falco palumbarius* de Linnée. De باز vient probablement notre mot *Busc*. Je pense que l'on me dispensera d'entrer dans des détails sur la fauconnerie; chacun en sait assez pour comprendre cette allégorie. On peut voir d'ailleurs, sur la fauconnerie des Orientaux, Chardin, édit. de M. Langlès, *tom. III, p. 393, 4.*

P. 48, l. 11. On voit que l'auteur joue sur la double signification du mot جرم prononcé avec des voyelles différentes.

P. 49, l. 15. Ce proverbe se trouve dans d'autres écrivains arabes, et entre autres dans Hariri, II.ᵉ séance.

P. 49, l. 24. Je crois devoir faire observer que les passages du *Coran* cités ici forment avec les mots كمّة, عقدة, et إشارة قيد des rapports d'annexion (إضافة). Ces mots sont donc les antécédens, et ces fragmens de versets sont les conséquens (مضاف اليه).

Les mots ولا تمدّنّ عينيك sont du *Coran*, XV, 88; les mots ولا تمشِ في الارض مرحاً *LXXV, 16,* et les mots لا تحرك به لسانك *XVII, 39.*

P. 50, l. 6. Les mots إنّا ارسلناك se retrouvent sans cesse dans le *Coran*. Je me contenterai d'indiquer le verset 113 de la II.ᵉ surate.

P. 50, l. 14. انسان signifie à la lettre, « le petit homme, c'est-» à-dire, la petite figure qu'on aperçoit dans la prunelle. »

P. 50, l. 25. Le mot ايمان est synonyme de اسلام. Ces deux mots signifient, « croire de cœur et confesser de bouche » واسلام بردر ايكسى دخى قلبله ايناں مقدر ودليله اقرار ايتمكدر *Risalehï Barkoui* (Exposé en turc des dogmes de la religion musulmane), *p. 24. édit. de Scutari.*

ALLÉG. XVII. — LA COLOMBE.

P. 51, l. 2. Forskal traduit حمام simplement par *Columba*; mais on doit supposer qu'il a voulu nommer la *Columba livia,* qui est la source de toutes nos variétés de pigeons domestiques.

P. 51, l. 7. Les mots قد جعل طوق العبودية فى عنقها علامه signifient à la lettre, « sur le cou de laquelle le collier de
» l'obéissance avait placé son signe. »

P. 51, l. 8. Les mots ذوق et شوق ont probablement ici, comme dans plusieurs endroits de cet ouvrage, un sens mystique; mais j'ai préféré les traduire à la lettre, pour imiter le vague qu'il y a dans l'arabe.

P. 51, l. 9. ما الحكمة pourrait signifier, « quelles sont les vues
» de sagesse que Dieu a placées dans ton beau collier, » c'est-à-dire, « quelles sont les leçons allégoriques qu'on peut en
» tirer. »

P. 51, l. 11. Je ne dis rien de cet usage; je me contenterai de renvoyer à l'ouvrage de Michel Sabbagh, intitulé *la Colombe messagère*, où l'on trouvera des détails intéressans sur cette matière. On connaît d'ailleurs ces vers du Tasse :

Una colomba per l' aeree strade
Vista è passar sovra lo stuol francese ;
Che ne dimena i presti vanni, e radi
Quelle liquide vie con l'ali tese :
E già la messaggiera peregrina
Dall' alte nubi alla Città s' inchina.
. . . .
Essa nel grembo al pio Buglion ricovra.
La raccoglie Goffredo, e la difende :
Poi scorge, in lei guardando (estrania cosa)
Che dal collo ad un filo avvinta pende
Rinchiusa carta, e sotto un' ala ascosa.
. . . .
. . . Tai messi in quel tempo usò il Levante.
Libera il Prence la colomba ; e quella,
Che de' secreti fu rivelatrice,
Come esser creda al suo signor rubella,
Non ardì più tornar nunzia infelice.

Jér. dél. XVIII, 49 et suiv.

Les Grecs, comme les Arabes, confiaient sur-tout à ces messagères la correspondance de leurs amours. On connaît l'ode d'Anacréon, Ἐρασμίη πέλεια, &c. où la colombe de ce poëte dit:

Ἐγὼ δ᾽ Ἀνακρέοντι
Διακονῶ τοσαῦτα.
Καὶ νῦν, ὁρᾷς, ἐκείνου
Ἐπιστολὰς κομίζω.

P. 51, l. 18. سالك, qui signifie à la lettre « un homme qui » marche », se prend, dans les livres mystiques, pour « un homme » qui se livre à la vie spirituelle et contemplative. » On en trouve plusieurs exemples; comme dans Saadi, *Gulistan*, l. III, hist. 28, چنانکه سالکان طریقت گفته اند « comme ont dit les gens » engagés dans la vie spirituelle. »

P. 52, l. 1. Ceci est probablement un حديث [*tradition*].

P. 52, l. 4. Ce que l'auteur dit ici ne me paraît pas très-conforme avec ce qu'on lit dans *la Colombe messagère*, p. 26 et suiv. « Suivant » les habitans de l'Irak », dit Michel Sabbagh, traduit par M. de Sacy, « le pigeon blanc à collier est celui qui s'apprivoise le plus » aisément : il doit être préféré pour l'objet dont il s'agit. »

P. 52, l. 6. Je n'ai traduit les deux phrases arabes que par une seule.

P. 52, l. 11. M. de Sacy pense que تحريج veut dire, « en criant حراج, حراج, » qui est un mot dont se servent les دلّال [sorte de courtiers], en criant dans les bazars l'annonce des marchandises.

P. 52, l. 18. L'auteur joue sur la double signification du mot جارح

P. 52, l. 22. قمح est le synonyme de حنطة, *Triticum Spelta* de Linnée. Forskal, *Flor. Ægypt.-arab.* p. LXI.

P. 52, l. 25. Suivant quelques rabbins et quelques musulmans, le *blé* est le fruit défendu qu'Adam mangea. Voici ce que dit le commentateur Beïdawi, sur ces mots du *Coran, II, 33.*

ولا تقربا هذه الشجرة الشجرة هى الحنطة او الكرمة او التينة او شجرة من اكل منها احدث والاولى ان لا تعيّن من غير قاطع كما لم تعيّن فى الاية لعدم توقف ما هو المقصود عليه

« Cet arbre est ou le blé, ou la vigne, ou le figuier, ou un arbre
« qui rajeunissait ceux qui en mangeaient; mais il vaut mieux
« ne point s'arrêter à déterminer quel il était, attendu que le
« *Coran* nous laisse dans l'incertitude sur ce point. »

P. 52, l. 27. Cette expression se rencontre très-souvent chez les écrivains arabes. On la trouve entre autres dans la IV.ᵉ s. de Hariri :

لا ابتغى الغبن ولا انثنى بصفقة المغبون فى حسّه

P. 53, l. 5. Quoiqu'on ait imprimé أخبرت, je lis عملت, qui est la leçon du ms. B.

P. 53, l. 10. Ces vers sont au pluriel en arabe; mais comme je crois que le pluriel est ici pour le singulier, je me suis permis de les traduire par ce dernier nombre.

P. 53, l. 16. A la lettre : « Celui qui le reprend avec dureté ne » peut lui faire tourner bride. »

P. 53, l. 18. L'auteur fait allusion au verset 72 de la sur. XXXIII du *Coran* : انّا عرضنا الامانة على السموات والارض والجبال فابين ان يحملنها واشفقن منها وحملها الانسان انه كان ظلوما جهولا

que Marracci traduit ainsi : « Nos sanè proposuimus fidem cœlis,
» et terræ, et montibus; sed renuerunt portare eam, et formidâ-
» runt ab eâ, et portavit eam homo, atque ipse fuit iniquus,
» stultus. »

ALLÉG. XVIII. — *L'HIRONDELLE.*

P. 54, l. 2. Selon Bochart, *Hierozoicon, tom. II, page 60,* l'hirondelle se nomme, en arabe, خطّاف, à cause de la rapidité de son vol.

L'*Hirundo rustica* a été rapportée d'Égypte, et est figurée dans le grand *Ouvrage sur l'Égypte*, *Hist. nat. pl. IV.* Il est probable que l'*Hirundo urbica*, qui vit en société avec la première, et qui, comme elle, fait son nid près des habitations, existe aussi en Égypte. Il faut remarquer que la première niche dans les cheminées, et la seconde sous les corniches, les portes des granges, entre les solives qui sont ordinairement à découvert.

P. 54, l. 5. On voit que, dans cette première phrase, l'auteur joue sur les mots.

P. 55, l. 14. « L'hirondelle bâtit son nid de chaume, de foin et de » paille, en prenant toujours une becquée de boue avec chaque » brin de chaume, afin de mieux mastiquer le tout ensemble: » elle lie son ouvrage comme un maçon &c. » (Valmont de Bomare, *Dict. d'hist. nat.*). Il est donc naturel qu'elle aille faire ses provisions auprès des ruisseaux, où elle trouve tous ces matériaux réunis.

P. 55, l. 17. Jeu de mots entre جارٌ *voisin*, et جار *être injuste &c.* Il y a littéralement : « Je ne suis point pour mon voisin comme celui » qui est injuste, ni pour les gens de la maison, comme le perfide. »

P. 56, l. 9. Jeu de mots sur l'homonymie des consonnes de بِرّ et بَرّ, et de حَبّ et حَبّ

P. 56, l. 16. Les mots أزهد jusqu'à الناس, sont un حديث.

P. 56, l. 19. تنحّى est pour تنحُّ qu'exigeraient les règles de la syntaxe; mais la mesure, qui est du بحر nommé الكامل, a obligé notre poëte à saturer le *kesra*, licence toujours permise en poésie.

P. 57, l. 4. A la lettre: « Je ne demande pas de prolongation » à ton discours. »

ALLÉG. XIX. — *LE HIBOU.*

P. 57, l. 6. Strix Scops de Linnée, suivant M. Savigny, *Ouvrage sur l'Égypte, Hist. nat. t. I, p. 108.*

P. 58, l. 6. J'ai traduit trois phrases par une seule, pour éviter des répétitions qui, je crois, ne sont supportables qu'en arabe.

P. 58, l. 23. Hordeum vulgare de Linnée, suivant M. Delile (*Ouv. sur l'Égypte, Hist. nat. tom. II, p. 53*), et Hordeum hexastichon, suivant Forskal (*Flor. Æg.-ar. p. LXI*). Quant à قرص, ce mot signifie proprement, « un petit pain rond, très-mince et » croquant. » Son synonyme est كعك. Voyez sur ce mot la note savante et curieuse de M. de Sacy, dans la *Relation de l'Égypte* par Abd-allatif, *p. 328.*

P. 59, l. 6. Au lieu de القيامة le ms. A porte الذرة.

P. 59, l. 19. Les mots كل شي ء هالك الا وجهه sont du *Coran*, XXVIII, 88.

P. 59, l. 23. هو *Hou*, qui est le cri du hibou, est l'un des quatre-vingt-dix-neuf noms ou attributs de Dieu. Voyez les notes sur l'allégorie de la lavande.

P. 60, l. 7. تجلى est un terme du langage mystique. On lit sur ce mot, dans le Seïd Jorjani, *Kitab Tarifat*, un article intéressant, que son étendue m'empêche de donner ici.

ALLÉG. XX. — LE PAON.

P. 61, l. 2. Pavo cristatus de Linnée.

P. 61, l. 6. ابليس *Éblis*, corruption du mot grec διάβολος, est le nom que les Arabes donnent au prince et au chef des anges prévaricateurs.

P. 61, l. 9. والله اعلم ما فى الجنان signifie à la lettre, « Dieu » connaît le fond du cœur. » On voit qu'il y a un jeu de mots entre جنان et جَنان; cette phrase n'est guère qu'un remplissage qui n'est là que pour la rime. Les personnes qui ont lu le *Coran* sont habituées à ces phrases détachées qui coupent le sens de la période. Les Arabes nomment ces expressions incidentes اعتراض ou حشو. Voyez à ce sujet les *Notices des mss., tom. X, p. 68 et 69.*

P. 61, l. 12. Au lieu de بسوم le ms. A porte قسوم.

P. 62, l. 4. Le mot ولدان signifie ici les beaux adolescens qui feront dans le paradis les fonctions d'échansons ; quant au mot حور, il signifie, « les jeunes beautés destinées aux habitans du » paradis, beautés qui auront de grands et beaux yeux noirs (ce » que signifie حور عين, qui est le nom qui leur est donné dans » le *Coran*), qui seront pures, toujours vierges, et n'auront point » d'enfans. » On sera peut-être étonné de trouver ces mots en parlant du paradis terrestre, mais on sait que les musulmans le confondent avec le paradis proprement dit. Voyez d'Herbelot, au mot *Gennah*.

P. 62, l. 17. Dieu ayant commandé aux anges de se prosterner devant Adam, en marque d'honneur et de respect, ils y satisfirent tous, excepté Éblis, qui refusa d'obéir. Voyez le *Cor. sur. VII*, et la *Biblioth. or.* aux mots *Adam* et *Éblis*.

P. 62, l. 27. J'ai paraphrasé le mot معهم, qui signifie à la lettre « avec eux. »

Il est essentiel de savoir, pour comprendre parfaitement l'historique de cette allégorie, que Dieu ayant défendu à Adam de manger du fruit d'un certain arbre, ce fut alors qu'Éblis le maudit, s'associant avec le paon et avec le serpent, s'accosta d'Adam et d'Ève, et fit tant, qu'après un long entretien qu'il eut avec eux, ils mangèrent du fruit défendu. Mais à peine eurent-ils pris cette fatale nourriture, que les habits dont Dieu les avait revêtus (car, selon les musulmans, Dieu avait habillé Adam et Ève d'habits merveilleux, tels qu'ils convenaient à leur dignité) les quittèrent aussitôt et tombèrent à leurs pieds ; ce qui leur fit connaître le péché qu'ils avaient commis, en les couvrant de honte et de confusion à la vue de leur nudité. Ils coururent incontinent vers un figuier pour se couvrir de ses feuilles, et ne furent pas long-temps sans entendre la voix foudroyante du Seigneur, qui prononça ces paroles : *Descendez et sortez de ce lieu ; vous deviendrez ennemis les uns des autres, et vous aurez sur la terre votre habitation et votre subsistance pour un temps. (Coran, sur. VII, XX, &c).*

La tradition la plus commune est qu'Adam tomba sur la montagne de Serandib (c'est l'île de Ceylan, où il y a encore aujourd'hui une montagne nommée par les Portugais *Pico de Adam*). Ève tomba à Gidda, port de la Mer rouge, assez près de la Mecque; Éblis tomba à Missan, près de Bassora; le paon dans l'Indostan, et le serpent à Nisibe ou à Ispahan, c'est-à-dire dans les lieux où ces villes ont été depuis bâties. D'Herbelot, *Biblioth. orient.* au mot *Adam*.

P. 63, l. 23. Si ces vers sont dans la bouche du paon, le mot سادة signifiera ici « les anges », ou mieux encore, « les houris et les » échansons du paradis »; s'ils sont dans la bouche du poëte, ce qui est plus naturel, alors le mot سادة signifiera « les habitans de » la tribu de la maîtresse de l'auteur », ou mieux, « les chefs de » la tribu qui, ayant fait décamper cette tribu, ont ainsi privé » notre amant de la vue de son amie, dont la tribu avoisinait la » sienne. » On peut aussi donner à ces vers un sens mystique; et malgré le vague des vers arabes, il est probable que c'est le sens qu'a en vue l'auteur.

P. 64, l. 1. Voyez, pour la particule وا, les notes sur l'anémone.

P. 64, l. 2. Les mots وصلقوا, فرقّقوا, et plus bas, اليكموا, sont pour اليكم et وصلقم, فرقّقم. On ne les a orthographiés ainsi que par licence poétique; licence exigée par la mesure, qui est du بحر nommé الكامل. Voyez la *Gramm. arabe,* t. II, p. 374, n.ᵒˢ 691 et 692.

P. 64, l. 3. Le mot جفن, qui est traduit, dans les dictionnaires, par *cil*, ne signifie cependant que *paupière*. Outre la preuve qu'en fournit son autre acception de *vagina gladii*, en vulgaire, on ne l'emploie jamais que dans le sens de *paupière*, et je pourrais citer plusieurs passages de Hariri où il est impossible de le rendre par *cil* : le nom le plus usité pour *cil* est هدب

P. 64, l. 7. ثَمَّ est un mot tout différent de ثُمَّ : celui-ci est une conjonction, et l'autre est un adverbe de lieu (שׁם des Hébreux).

P. 64, l. 8. لياليا est pour لَيَالِيَ par la même licence dont nous avons parlé plus haut.

ALLÉG. XXI. — *LA PERRUCHE.*

P. 65, l. 4. درة est le nom arabe de la perruche à collier couleur de rose, *Psittacus Alexandri* de Linnée, suivant Sonnini, *Voyage en Égypte*, t. III, p. 93.

P. 65, l. 9. On lit dans Saadi, II, 8 :

طاوس را بنقش ونگاری که هست خلق
تحسین کنند واو خجل از پای زشت خویش

« On ne peut se lasser de louer le paon à cause de la richesse et
» de l'élégance de son plumage ; mais lui-même il a honte de la
» laideur de ses pattes. »

P. 65, l. 11. J'ai traduit حضرة par *chérif*, et je crois que c'est le sens que l'auteur a voulu donner ici à ce mot ; car on sait que les chérifs, c'est-à-dire, les descendans de Mahomet par Ali son gendre et par Fathimeh sa fille, portent le turban vert, tandis que les autres Musulmans le portent blanc. *Bibl. or.* au mot *Schérif.*

P. 65, l. 15. Le mot ناووس signifie *tombeau, cercueil, sarco-*
phage, &c. M. de Sacy a traduit ce mot par *sarcophage*, p. 176 de la *Relation de l'Égypte,* par Abd-allatif ; et dans sa note, p. 219, il observe que Pococke a rendu ناووس par *sepulchrum*, et que ce mot a constamment ce sens chez les écrivains arabes. Méninski le traduit par مجوسیلر کورستان *Cœmeterium Magorum.*

P. 66, l. 5. Au lieu de الاذکار, le ms. A porte الابکار.

P. 66, l. 13. Les mots مزرعة الوجود signifient à la lettre, « le
» champ de l'existence » ; ce qui veut dire *le monde, la terre* : la preuve, c'est que les mss. B et D portent مزرعة الدنیا. On trouve

d'ailleurs cette périphrase, ou du moins des périphrases semblables, dans les écrivains orientaux, avec le sens que je donne ici à cette expression ; comme, par exemple, خانقاه ابىاع, dans l'*Anvari Soheïli, fol. 63 verso.*

P. 66, l. 18. Les mots مقام محمود se trouvent dans le *Coran, XVII, 81.*

P. 66, l. 21. La demeure de l'éternité signifie *la demeure éternelle*. Les Arabes, ainsi que les Hébreux, les Persans, &c. déterminent souvent un nom par un autre nom, au lieu de le modifier par un adjectif ; ainsi, au lieu de dire montagne sainte, *mons sanctus*, ils disent montagne de la sainteté, *mons sanctitatis* (מי־ישכן בהר קדשך, ps. XV, 1). On a déjà vu, dans cet ouvrage, plusieurs exemples de cette construction.

P. 67, l. 12. Les mots والّتى بينى وبينهم السميع العليم signifient à la lettre, « celui qui entend et qui sait (Dieu), a fait naître » entre les hommes et moi une amitié réciproque. » Les mots السميع et العليم, sont deux des quatre-vingt-dix-neuf noms ou attributs de Dieu.

P. 67, l. 19. تحت اقدامهم signifie mot à mot, « (je serai) sous » leurs pieds. »

P. 68, l. 1. Ces vers sont au pluriel en arabe, et semblent placés dans la bouche de la perruche ; je crois cependant plus naturel de les entendre comme je les ai rendus, vu le style de l'auteur et l'ensemble de l'ouvrage. Voici comment on pourrait traduire les quatre derniers, en les supposant prononcés par la perruche :

« J'aime des êtres qui sont excellens, soit en réalité, soit à l'exté- » rieur ; qui sont grands en dignité et en réputation, et dont les » vertus sont pures. Dans l'autre vie, je l'espère, j'aurai encore » le bonheur d'être avec eux ; car Mahomet, la plus excellente » des créatures, a dit et annoncé (et c'est une vérité) : *Celui* » *qui aime une personne ressuscitera avec elle.* »

On voit que je rends différemment le حديث qui termine ces

vers ; mais c'est à cause des derniers mots de la prose, qui semblent nécessiter ce sens, si on place les vers dans la bouche de la perruche.

P. 68, l. 12. Les derniers mots de cette allégorie me rappellent ces quatre jolis vers du *Gulistan, liv. II, 26.*

دوش مرغی بصبح می نالید
عقل وصبرم ببرد وطاقت وهوش
یکی از دوستان مخلص را
مگر آواز من رسید بگوش
گفت. باور نداشتم که ترا
بانك مرغی چنین کند مدهوش
گفتم این شرط آدمیت نیست
مرغ تسبیح خوان ومن خاموش

« Sur le matin de la nuit dernière, le gazouillement plaintif d'un
» oiseau vint frapper mon oreille. Une émotion involontaire s'em-
» para tout-à-coup de moi et troubla mes esprits. Le hasard fit
» qu'un de mes amis les plus intimes entendit les soupirs que je
» poussais. Je ne puis comprendre, me dit-il, que le chant d'un
» oiseau ait pu produire en toi une sensation pareille. Ah ! lui ré-
» pondis-je, est-il conforme aux lois de la nature que les oiseaux
» chantent les louanges de Dieu, et que je garde le silence. »

P. 68, l. 14. مرحوم signifie proprement, « celui à qui il a été
» fait miséricorde »; et, par suite, on emploie ce mot pour désigner *un défunt, un mort, un trépassé.* Je crois qu'il faut ici rapporter
مرحوم au poëte, et prendre ce mot dans sa signification propre.

ALLÉG. XXII. — *LA CHAUVE-SOURIS.*

P. 69, l. 2. Selon Bochart, *Hierozoicon, t. II, p. 350,* la chauve-souris est nommée en arabe خفاش (de la racine خفش, *debilis, imbecillis fuit*), à cause de la faiblesse de ses yeux.

Je n'ai pas besoin d'avertir que cette allégorie est toute mystique d'un bout à l'autre ; mais il est nécessaire de se le rappeler en la lisant, pour en saisir le sens parfaitement.

P. 69, l. 8. Ce qu'on lit ici est une allusion à une tradition (حديث) ; car il n'y a rien absolument dans le *Coran* qui ait trait à cela : *Cham* peut être aussi le symbole des gens mondains, *Sem* celui des hommes de Dieu, et حمى le lieu qu'habite la divinité. Je n'ai pas besoin de faire observer qu'il y a un jeu de mots entre حام *obivit*, et حام *Cham*. Toutefois le ms. A seul porte ce passage tel que je l'ai imprimé. Voici ce qu'on lit dans les autres mss. : فلقد

حام حول الحمى حمام، وهو من ذوى الارحام، فما ادى المقام الا السام،

P. 69, l. 19. Quoiqu'on ait imprimé واذا غابت صفت, &c. leçon du ms. A, je lis انبسطت النفس وصفت, &c. qui est la leçon des autres mss.

P. 70, l. 3. جررت ذيلى signifie à la lettre : « je traîne après » moi la queue de ma robe.

P. 70, l. 16. Il y a dans le texte, *Gabriel.* Or on sait que cet archange joue un très-grand rôle dans le *Coran*, et par suite dans les livres orientaux. C'est lui qui apportait à Mahomet les révélations célestes, et ce fut lui qui le conduisit, lorsque, monté sur le Borac, il fit au ciel le voyage nocturne nommé معراج, c'est-à-dire, *ascension.* Gabriel est aussi de cet ordre d'esprits célestes que les musulmans appellent مقربون, c'est-à-dire, « qui approchent de « plus près le trône de Dieu. » Voyez d'Herbelot, au mot *Gébraïl.*

P. 70, l. 20. J'ai déjà remarqué que, dans les écrits mystiques, le vin signifie l'amour de Dieu. Les mots وقل لمن هو ظمآن هذا الكاس ملآن équivalent donc à ceux-ci : « Dis à l'amant pas- » sionné que son amour va être couronné. »

P. 70, l. 24. Ces vers sont placés dans la bouche de Dieu, c'est-à-dire du حبيب ; mais on se souvient que ce mot, que je traduis par *maîtresse, &c.*, indique toujours, dans cet ouvrage, la Divinité.

P. 71, l. 7. J'ai été forcé de diviser عزتك, à cause de la mesure, qui est du بحر nommé الكامل Ce vers est différent dans les quatre mss. Le sens est : « Si tu m'aimes et que tu pra» tiques mes lois, ta vertu te fera honorer de tout le monde et » t'élèvera au-dessus des monarques. »

P. 71, l. 8. J'ai coupé le mot سباق, toujours à cause de la mesure.

P. 71, l. 14. C'est à dessein que j'ai omis dans ma traduction وهذا خلاف القياس « ce serait le contraire de la règle commune. »

P. 71, l. 15. Tout ceci, depuis le mot فقال jusqu'à قبالنهار, est si mystique et tellement obscur, que chacun des mots exigerait une ample explication. J'ai tâché de rendre ce passage aussi exactement que je l'ai pu, et je me contenterai d'expliquer ici les mots qui présentent le plus de difficultés. D'abord le mot تلوبس est ainsi expliqué dans le كتاب تعريفات *Livre des Définitions :* هو مقام الطلب والفحص من طريق الاستقامة et voici, selon le même ouvrage, ce qu'on entend, dans la langue mystique, par le mot استقامة : هو الوفا بالعهود كلها وملازمة الصراط المستقيم برعاية حد التوسط فى كل الامور من الطعام والشراب واللباس وفى كل امر دينى ودنيوى (¹)

Le mot تمكين, qui vient dans la ligne suivante, est, toujours d'après le *Tarifat :* مقام الرسوخ والاستقراء على الاستقامة Quant aux mots عارف et معرفة, pl. معارف, on les a déjà vus employés dans un sens mystique. Voyez les notes sur la rose. Enfin, voici la signification mystique de بقين (عند اهل الحقيقة)

(¹) Cette définition du mot استقامة se trouve dans les *Notices des mss. tom. X*, p. 44 et 45.

toujours suivant le روية العيان بقوّة الايمان : تعريفات لا بالحجّة والبرهان

P. 71, l. 25. Peut-être faudrait-il traduire لاني مخلوق ناقص الحقوق, « parce que je suis dans un état d'imperfection. »

P. 72, l. 14. On pourrait peut-être traduire الاغيار par « les autres (que Dieu) », c'est-à-dire, « tout autre objet. »

ALLÉG. XXIII. — *LE COQ.*

P. 73, l. 13. Le mot que je traduis par *annonce de la prière*, est le mot اذان *izan*, qui est l'appel à la prière, que les muezzins (c'est-à-dire ceux qui font l'izan) font à haute voix du haut du minaret des mosquées, pour avertir le peuple que c'est l'heure désignée par la loi pour louer et prier Dieu. Cet appel a lieu cinq fois par jour. Dans le mois de Ramadhan, qui est consacré au jeûne, il y a deux appels, et par conséquent deux prières de plus ; mais ces prières sont surérogatoires et de pure dévotion.

P. 73, l. 17. Les mots تضرّعا وخيفة sont du *Cor., VII, 204.*

P. 73, l. 22. Allusion aux mots que prononcent les muezzins en faisant l'annonce de la prière : الله اكبر اشهد ان لا اله الا الله اشهد ان محمدا رسول الله حيّ على الصلاة حيّ على الفلاح Cette annonce est la même pour les cinq heures canoniques, excepté celle du matin, où le muezzin ajoute ces paroles : الصلاة خير من النوم « la prière vaut mieux que le sommeil. » Voyez Mouradgea d'Ohsson, *Tableau de l'Empire ottoman*, t. IV, p. 108 et suiv. édit. in-12.

P. 74, l. 9. طاعة est ici dans le sens de *devoir religieux* : ce mot a souvent cette signification chez les auteurs mystiques.

P. 74, l. 10. مواقيت est le pluriel irrégulier de la trentième forme, qui est une de celles que les Arabes nomment اقصى ou منتهى الجموع : son singulier est ميقات.

P. 74, l. 13. يواقيت est le pluriel de ياقوت. Voyez, par rapport à cette pierre précieuse, les notes sur la violette.

P. 75, l. 3. Ces deux vers ne se lisent que dans les mss. A et D. Le ms. B en porte trois différens, et le ms. C en porte également trois autres différens aussi. Le ms. D contient en outre près d'une page de prose de plus que les autres manuscrits. Je n'ai pas cru devoir m'éloigner du ms. A; et je ne crois pas même devoir surcharger mes notes des vers des mss. B et C, qui ne présentent rien d'intéressant, et encore moins de la prose du ms. D, qui ne contient que des pensées triviales et des lieux communs de morale.

ALLÉG. XXIV. — *LE CANARD.*

P. 75, l. 13. La signification du mot توجّه n'est pas exposée très-clairement dans nos dictionnaires. Voici la définition exacte de ce mot, d'après le *Kitab Tarifat :* توجّه القلب وقصد بجميع قواه الروحانيّة الى جانب لحصول الكمال او لغيره « La direction du » cœur et l'emploi de toutes les forces spirituelles, vers un but quel- » conque, pour parvenir à la perfection, ou pour autre chose. »

P. 75, l. 20. طل est toujours opposé à وبل. طل signifie proprement *rosée*, et de là il s'emploie pour exprimer *le peu, l'exiguité, &c.* وبل, au contraire, signifie *pluie*, et de là, *l'abondance, &c.* Le sens est donc ici : « Tu te contentes des ordures, » et tu ne portes pas ton ambition plus haut. »

P. 76, l. 1. Les Arabes disent en proverbe: يغوص البحر من طلب اللآلى « Celui qui veut des perles doit plonger dans la mer. »

P. 76, l. 2. Ceci et une grande partie de ce qui suit aurait besoin d'un commentaire ; mais comme je l'ai traduit littéralement, je me contenterai de renvoyer aux notes sur la chauve-souris, pour les mots تمكين et يقين. Quant aux mots حكم et معاني, on les a déjà vus plusieurs fois dans cet ouvrage, dans le sens qu'ils ont ici. Voyez, dans d'Herbelot, au mot *Fadhail*, un fragment du *Kaschf*

Asrir, qui jette du jour sur les métaphores qui terminent la prose de cette allégorie.

P. 76, l. 10. تَلَأْلُوْ (*) est le nom d'action de تَلَأْلُأْ [*fulsit, micuit*], deuxième forme du verbe quadrilitère لَأْلَأَ.

P. 76, l. 24. لبان ne se trouve dans les dictionnaires que dans le sens de *poitrine* : mais je l'ai souvent entendu employer en vulgaire, pour exprimer le câble à l'aide duquel on hale les bateaux. De ce mot لبان, vient probablement le mot *liban*, dont les pêcheurs se servent pour désigner la corde qui est au bas du filet.

P. 76, l. 25. جذبة, plur. جذبات, signifie proprement *attrait, entraînement, attraction, &c.* Toutefois, dans le langage mystique, ce mot est l'abstrait de مجذوب, qui signifie un homme qui, attiré par la grâce de Dieu, quitte le monde et les choses du monde, pour se livrer à la contemplation. M. de Sacy l'a traduit par *illuminé*. Voyez le *Pend-namèh*, p. LV et suiv. où ce célèbre orientaliste cite M. J. W. Graham, *a Treatise on sufiism, or Mahomedan mysticism*, dans le recueil intitulé *Transactions of the lit. society of Bombay*, p. 98 et suiv.

P. 76, l. 26. Les mots مجمع البحرين sont également dans le *Coran, XVIII, 59* ; mais ils sont pris ici métaphoriquement, et signifient ce degré où l'on n'est plus qu'à la distance de deux arcs (**) de l'union mystique avec la divinité : حضرة قاب قوسين للاجتماع *Kitab Tarifat*.

P. 76, l. 27. Je crois qu'il est inutile que je m'étende ici sur la source ou la fontaine de vie, que les Arabes nomment عين الحياة, les Persans آب حيات ou آب حيوان, et nos trouvères *Fon-*

(*) Il y a تَلَأْلُهِ dans le texte, parce que ce mot étant au génitif, le dernier أ est affecté d'un *kesra* et se trouve de plus placé au milieu du mot, ce qui nécessite son changement en *ya*. Gramm. ar. t. I.ᵉʳ, p. 79, n.° 163, et p. 94, n.° 214.

(**) Cette expression se retrouve dans le *Coran, LIII, 9*.

taine de Jouvence [fons juventutis]. Je pense d'ailleurs que l'auteur veut parler ici métaphoriquement de la divinité.

P. 77, l. 3. Conformément à mes manuscrits, j'ai terminé tous ces vers par un ى, par licence poétique, et à cause de la rime.

P. 77, l. 7. L'auteur veut sans doute parler ici de la mort spirituelle فنا, qui est le septième degré de la vie contemplative معرفة الله. On nomme aussi ce degré فقر, *pauvreté.* Voyez le *Pend-namèh*, pag. *181* et suiv.

Il y a, à la lettre : « Avance, et le premier argent comptant » (que tu recevras) sera la plus prompte des fins. »

P. 77, l. 8. Voici la définition du mot موت, dans le sens mystique, suivant le كتاب التعريفات :

هو احتمال اذى الخلق وهو الغناء فى الله لشهوة الاذى منه بروّية فناء الافعال فى فعل محبوبه

P. 77, l. 17. Les manuscrits portent ذوى, qui est l'orthographe vulgaire; car on sait qu'en arabe moderne, les duels et les pluriels n'ont qu'un cas, lequel est le cas oblique du littéral. Ainsi l'on dit toujours رجلين, deux hommes, زيدين, plusieurs zéïds, et jamais رجلان ni زيدون. Le ms. A porte دون.

P. 78, l. 2. بطّال est pour بطّالاً, par licence poétique.

ALLÉG. XXV. — L'ABEILLE.

P. 78, l. 4. Apis violacea, de Linnée, selon Forskal, *Descript. an. p. XXIII,* et Apis mellifica, suivant Russel. *Nat. Hist. of Aleppo,* t. II, p. 222. Voyez, sur l'abeille, le joli morceau de Cazwini, que M. de Chézy a donné dans la *Chrestomathie arabe, tom. I, p. 573* et suiv., et *tom. III, p. 410* et suiv.

P. 78, l. 5. On voit que l'auteur joue sur نخلة, nom d'unité de نخل, abeille, et نخلة, prétention.

P. 78, l. 6. Dans روايتها, l'affixe ها paraît se rapporter à

بط , féminin , par une licence poétique. Pour ce qui est de رحله, ou le ه est ici un affixe, et il se rapporterait encore au canard, ce qui serait bien irrégulier ; ou il faut lire رحلة, les points du ه étant retranchés à cause de la rime, et c'est ainsi que j'ai lu ce mot.

P. 78, l. 15. Les manuscrits portent تربي ; mais comme les règles de la grammaire exigent ici le mode conditionnel (الجزم), j'ai réformé cette irrégularité du langage vulgaire. Ces mots لاتربّ فرعا ينقضه اصلك signifient, à la lettre, « Ne nourris pas une » branche que ta racine détruira. »

P. 78, l. 23. Voici ce qu'on lit sur l'abeille dans le *Coran, sur. XVI,* intitulée سورة النحل [sur. de l'abeille], *v. 70 et 71 :* واوحى ربك الى النحل ان اتخذى من الجبال بيوتا ومن الشجر ومما يعرشون ثم كلى من كل الثمرات فاسلكى سبل ربك ذللا يخرج من بطونها شراب مختلف الوانه فيه شفاء للناس ان فى ذلك لآية لقوم يتفكرون Comme les deux traductions françaises du *Coran* de du Ryer et de Savary, les seules que nous ayons, sont peu littérales, j'essaierai de traduire ainsi ce passage presque à la lettre : « Ton Seigneur inspire à l'abeille ce qu'elle doit faire ; » il lui dit : Place ta ruche dans les montagnes, dans des » creux d'arbres ou sous des voûtes. Fais ta nourriture des fruits, » et suis avec humilité les voies de ton Dieu. Les abeilles four- » nissent une matière de diverses couleurs et qui est un remède » utile aux hommes. Certes il y a dans cela une preuve de la toute- » puissance de Dieu, pour celui qui réfléchit. »

Plusieurs phrases de notre allégorie font allusion à ce morceau du *Coran.*

P. 79, l. 4. Les mots فصولا وجملا, que je n'ai pas traduits, signifient à la lettre : *en détail et en somme.*

P. 79, l. 9. Les *Principes* ou *Élémens de la géométrie et de l'arith- métique* d'Euclide ont eu chez les Arabes plusieurs traducteurs et un grand nombre de commentateurs. On a imprimé à Rome, en 1594, une traduction arabe de ces Élémens avec un commentaire de Nassir-eddin. Voyez d'Herbelot, aux mots *Aklides* et *Oclides*, et la *Biographie* de M. Michaud.

P. 80, l. 8. L'auteur joue sur روح, *esprit*, et روحي, féminin de l'impératif du verbe راح. Ce dernier mot est peut-être aussi une simple répétition du premier : *ô ame de mon ame.*

P. 80, l. 9. J'ai suivi la leçon du ms. D; les autres portent واستخرج ما في جناني

P. 80, l. 10. Ou les deux جاني doivent être pris dans le même sens, ce qui serait fort mauvais, ou le premier est de la racine جن, et signifie *de la race des démons.*

P. 80, l. 15. Cette dernière phrase est certainement mystique, et signifie qu'on ne peut parvenir à la vision intuitive sans avoir passé par les degrés, si difficiles à parcourir, du spiritualisme.

Les vers qui suivent sont également mystiques. L'auteur les a placés dans la bouche de la Divinité. Je pense que le lecteur, déjà accoutumé au style de l'ouvrage, les comprendra sans explication.

P. 81, l. 3. تمعنا est une deuxième forme quadrilitère, formée de معنى, qui signifie *saisir le* معنى [*comprendre le sens caché et allégorique des choses, &c.*] Ce verbe pourrait signifier aussi *devenir* معنى [*cesser d'être une substance corporelle et devenir une idée, une chose purement spirituelle*]; mais dans les passages de cet ouvrage où ce mot se trouve employé, il paraît plus naturel de lui donner le premier sens. Il y a plusieurs exemples de verbes formés de cette manière : de مسكين on a formé تمسكن; de مدرعة, تمدرع; de منديل, تمندل &c.

ALLÉG. XXVI. — *LA BOUGIE.*

P. 81, l. 9. De même que les Orientaux comparent aux larmes les gouttes de cire qui découlent de la bougie, ils comparent souvent aussi les larmes aux gouttes de cire. Voyez-en un exemple dans le *Pend-namèh*, p. *307* et *308*.

P. *81*, l. *15*. Il y a dans le texte *mon père*, parce que نحل est du masculin ; mais j'y ai substitué *ma mère*, pour me conformer au genre de l'abeille en français.

P. *81*, l. *22*. المزار signifie proprement *visitatio*, *visitationis locus*, &c. Le mot-à-mot est donc : *la visite entre nous a été éloignée*.

P. *82*, l. *3*. On voit que l'auteur joue sur les mots تحترق et تحت رق, qui se prononcent absolument de la même manière, à cause de la pause [وقف].

P. *82*, l. *7*. Les mots قائم فى الخدمة على ساق signifient à la lettre : *debout, sur pied, pour servir*.

P. *82*, l. *22*. Les mots يريدون ليطفئوا نور الله بافواههم sont du *Coran*, LXI, *8*, édition de Hinckelmann. On trouve une allusion à ce passage du *Coran* dans les beaux vers qu'Ahmed ben-Arabschah place dans son *Histoire de Timur*, au sujet de la mort de ce prince, *t*. II, *p*. *498* de l'édit. de Manger.

ALLÉG. XXVII. — *LE PAPILLON.*

P. *83*, l. *9*. Le mot فراش répond au mot persan پروانه. On peut voir dans l'extrait de Cazwini, donné par M. de Chézy, *Chrestomat. arab. t*. I, *572* et *573*, et *t*. III, *p*. *410*, comment les naturalistes arabes expliquent la sorte de manie que le papillon a de traverser la flamme de la bougie.

P. *83*, l. *16*. L'auteur, par les mots من بغتكى افتاك, fait allusion au فتوى ou *sentence juridique* ou *légale* du cadhi. Cette phrase signifie donc à la lettre : *Qui t'a donné une décision juridique pour t'autoriser à me tuer !*

P. *84*, l. *26*. Au lieu de الحب, un manuscrit porte الهجر. Cette leçon est peut-être préférable. Alors il faut traduire : *mais je ne croyais pas que la cruelle absence dût venir interrompre mon bonheur*.

P. 85, l. 3. Dans le ms. A, cette seconde partie forme une nouvelle allégorie, sous le titre de مجاوبة الشمع للفراش.

P. 85, l. 18. Jeu de mots entre فَنَاء et فِنَاء.

P. 85, l. 24. Je n'ai pas traduit les mots ان كان دخان احتراقى التى راقى فهانا نازل فى الجى البك راقى, faute d'en comprendre le sens. L'auteur, d'après son malheureux usage, a sacrifié la clarté à une allitération et à une équivoque.

Au lieu de فى الجى, le ms. A porte فى الحبر. Je ferai observer que, dans cette phrase, ان كان, qui, au premier abord, paraît être simplement dans le sens de *si*, comme en arabe vulgaire, ne doit pas être analysé de cette manière. Le verbe كان et le participe راقى forment ici l'attribut ou le prédicat, et دخـــان est l'inchoatif.

Quant au mot فهانا, il est pour فها انا. On sait que les mots هـا et يـا peuvent se joindre avec les mots qui commencent par un *alef*, et perdre alors leur *alef*. Voyez la *Gramm. arab.*, t. I, p. 387.

P. 86, l. 4. Ces deux dernières phrases sont certainement mystiques. On pourrait traduire ainsi la première: « Heureux celui qui » se désaltère dans la coupe du vin de l'amour de Dieu, tandis » que les désirs les plus brûlans lui servent d'échanson. »

P. 86, l. 15. لمّا est le nom d'action de لمّ, *rem totam comedit*. حلو اللمّا équivaut donc à حلو الاكل.

Entre ce vers et le suivant, le ms. D en place un fort insignifiant.

Les mss. B et D contiennent ici une allégorie intitulée اهارة المقط والشمعة, c.-à-d. *Allégorie des mouchettes et de la bougie*. La rédaction de cette allégorie est toute différente dans les deux mss. Dans le ms. B elle est beaucoup plus correcte et contient des vers qu'on ne lit point dans le ms. D. Comme ces additions me paraissent d'un très-mauvais goût, et qu'elles n'ont été faites très-certainement que par des copistes, je ne crois pas devoir en surcharger mes notes.

P. 86, l. 24. أعود أحرق signifie proprement, *je me rebrûlerai.* Voilà le verbe عاد, يعود dans le sens vulgaire de réitération que nous exprimons en français par *re* devant le verbe simple, *refaire, recommencer;* &c. M. de Sacy a déjà fait cette observation dans les notes de *la Colombe messagère, p. 92.*

ALLÉG. XXVIII. — *LE CORBEAU.*

P. 87, l. 2. Corvus corax, Sonnini, *Voyage en Égypte, t. II, p. 274.*

P. 87, l. 8. Le mot حداد signifie *des habits de deuil,* c.-à-d. *noirs.* D'après le principe de la résignation musulmane, qui interdit toute marque extérieure de douleur, personne ne porte actuellement le deuil. Anciennement les Arabes le prenaient et le portaient en noir. Le deuil fut aboli à la cour ottomane, sous le règne d'Ibrahim I.ᵉʳ (Mouradgea d'Ohsson, *Tabl. de l'Emp. ott.* t. II, p. 333 et 334, et t. IV, p. 164). Niebuhr (*Descript. de l'Arab.* p. 55) assure qu'il n'a vu chez aucun des peuples mahométans la coutume de porter le deuil. Voilà pourquoi notre auteur dit que le corbeau porte un vêtement de deuil من بين العباد

Quant au mot عباد, plur. de عبد (*), il signifie proprement *serviteurs;* et avec l'ellipse de الله, *serviteurs de Dieu,* c'est-à-dire, *les hommes.*

P. 87, l. 14. Le corbeau est en effet le plus matineux des oiseaux, et sa diligence a passé en proverbe chez les Arabes. C'est ainsi qu'on lit dans la IV.ᵉ séance de Hariri غدوت قبل استقلال الركاب ولا اغتداء الغراب. « Devançant le corbeau, » je me levai avant que les chameaux fussent chargés; » et

___

(*) Il faut remarquer que عبد a deux pluriels, dont le premier, عباد, s'entend toujours des serviteurs de Dieu; et le second, qui est عبيد, signifie « les es-» claves des hommes. » *Biblioth. or.* au mot *Ebad.*

dans la glose, qu'on demanda à Buzurjmehr (بزرجمهر), visir de Cosroès Nuschirvan, de quelle manière il était parvenu au rang qu'il occupait, et qu'il répondit: « En me levant aussi matin que le cor-
» beau, étant aussi avide que le porc, et aussi caressant que le chien. »

ببكور كبكور الغراب وحرص كحرص الخنزير وتملّق كتملّق الكلب

P. 87, l. 17. On pourrait traduire aussi, « Si tu vois une société,
» tu prédis sa dispersion prochaine; » mais je crois ma traduction meilleure. On a déjà vu dans cet ouvrage plusieurs passages où les mots شمل et جمع sont employés dans le sens que je leur donne ici.

P. 87, l. 19. اهام من قاهر est une expression proverbiale à laquelle on donne deux origines différentes. Selon les uns, *Cacher* serait le nom d'un étalon que des gens qui avaient des femelles de chameau qui ne mettaient bas que des petits mâles, empruntèrent dans l'espoir d'en avoir des femelles; mais bien loin de là, leurs femelles et les petits moururent. Selon les autres, *Cacher* serait le nom d'un homme qui mena ses chevaux boire une eau infecte, et qui les fit ainsi périr. Voici le texte de Meïdani (كتاب مجمع الامثال), d'où je tire ces explications:

اهام من قاهر هو فحل لبنى عوافة بن سعد بن زيد مناة بن تميم وكان لقوم ابل تذكر فاستطرقوة رجاء ان تؤنث ابلهم فماتت الامهات والنسل ويقال قاهر اسم رجل وهو قاهر بن مرة اخو زرقاء اليمامة وهو الذى جلب لخيل الى جو حتى استأصلهم

P. 87, l. 21. الام من جاذر signifie à la lettre, *plus vilain que Jader*. Ce proverbe se joint ordinairement à celui-ci : الام من ضبارة, *plus vilain que Dhobara*. Meïdani dit qu'Ebn-Bahar, dans son ouvrage intitulé *des Mets des Arabes*, raconte qu'un roi des Arabes désira savoir quel était le plus vilain de la nation, pour que le nom de cette personne passât en proverbe. On lui indiqua Jader et Dhobara, et Jader lui fut amené. Le roi lui fit couper le nez. Dhobara, qui craignait le même traitement, prit la fuite, et de la vint le proverbe, *Dhobara a fui lorsque Jader a eu le nez coupé.* Voici le texte de Meïdani : الام من جدرة والام من ضبارة

زعم ابن بحر فى كتابه الموسوم بـكـتـاب اطعمة العرب ان هذين الرجلين الامّ منْ ضربَتْ العربُ به المثل قال وسال بعض ملوك العرب عن الامّ فى العرب ليمثل به فدل على جدرة وهو رجل من بنى الحرث بن عَدِىّ بن جندب بن الغبر ومنزلهم بماوية وعلى ضبارة نجاوة بجدرة فجدع انفه وفرّ ضبارة لما رأى ان نظيره لقى ما لقى فقالوا فى المثل نجا ضبارة لما جدع الجدر

P. 88, l. 6. Le mot واعظ [*vaez*] signifie *prédicateur* : je n'ai pas cru devoir employer un mot dont nous ne nous servons que pour désigner les ecclésiastiques qui prêchent dans nos chaires.

P. 88, l. 11. L'auteur parle apparemment du regret qu'eut Adam d'avoir mangé du fruit défendu.

P. 88, l. 12. Je pensais que l'auteur a voulu parler des discours de Noé avant de construire l'arche, et dont le *Coran* (*XI,* 27 *ets.*) fait mention ; mais il est probable qu'il fait simplement allusion aux larmes et aux gémissemens de ce patriarche, sur les iniquités et la corruption générale des hommes. J'aurais donc mieux fait de traduire littéralement le mot نوْح. Les Orientaux disent que Noé fut d'abord appelé *Sikenn*, pour indiquer qu'en sa personne se concentraient la génération passée et la génération future ; mais qu'il eut ensuite le nom de نوح (de la racine ناح *gémir*) à cause de ses lamentations. Voyez Mouradgea d'Ohsson, *Tabl. de l'Emp. ott.,* t. I, p. 77 et suiv.

P. 88, l. 15. Les Orientaux racontent que Nemrod fit jeter Abraham dans une fournaise, à cause de grands démêlés qu'il eut avec les principaux officiers de sa cour, touchant l'unité de Dieu qu'il voulait leur prêcher ; mais qu'il sortit néanmoins sain et sauf de cette fournaise. Voyez la *Bibl. or.* au mot *Abraham.*

P. 88, l. 17. Voyez, au sujet d'Ismaël, les notes sur la lavande.

P. 88, l. 27. عسير est au lieu de عسيرًا, à cause de la rime.

P. 89, l. 10. هتف signifie proprement *appeler à haute voix sans se faire voir* [الهاتف من يسمع صوته ولا يرى شخصه]; et dans le langage mystique, *inspirer, &c.*

P. 89, l. 13. Les mots قل متاع الدنيا قليل sont du *Coran*, IV, 79.

P. 89, l. 15. Le ms. A est le seul qui porte cette phrase, et on y lit تسنبيشم qui est la manière vulgaire de prononcer تستنشيم que j'ai rétabli.

Les Arabes disent en proverbe أشأم من الغراب, *plus sinistre que le corbeau.* Meïdani donne, au sujet de ce proverbe, des détails curieux que leur longueur m'empêche de placer ici.

Les anciens tiraient des présages du corbeau, comme le prouvent ces vers de Phèdre *(III, 18)*, où Junon fait cette réponse au paon, qui vient se plaindre de sa voix:

Fatorum arbitrio partes sunt vobis datæ:
Tibi forma, vires aquilæ, luscinio melos,
Augurium corvo, læva cornici omina.

Et peut-être même considéraient-ils, ainsi que les Arabes, le croassement du corbeau comme un signe de mauvais augure:

Tristia nam crocitans semper vomit omina corvus.

P. 89, l. 20. من سائر النواحى signifie à la lettre: *de tous les côtés* ou *des autres côtés.*

P. 89, l. 26. Voici quelques vers de Kaschefi, *Anvari Soheïli,* p. 73, recto et verso, qui roulent sur l'idée qui est exprimée ici:

بیت   بر خوان دهر دست ارادت مکن دراز
کالوده کرده اند بزهر این نوالهرا

نظم

هر بت انگبین مجوی از دهر
که بر آمیخته است شهد بزهر
تو تصور کنی که آن عسل است
وآن عسل نیست شربت اجل است

« Mon ami, n'étends pas la main du désir sur la table de ce
» monde : les mets délicieux qui la couvrent sont empoisonnés.

» N'espère point que ce monde te donne jamais un sorbet de
» miel : le miel qu'il offre est mêlé avec du poison. Séduit par les
» apparences, tu crois que c'est véritablement du miel ; mais non,
» c'est la coupe de la mort. »

P. 90, l. 3. On lit également dans la XLVIIIe séance de Hariri :
وان اخاك الذى عذلك لا الذى عذرك، وصديقك من صدّقك
لا من صدّقك

P. 90, l. 13. M. de Sacy conjecture que ولكن لا حياة لمن
تنادى est un proverbe.

P. 90, l. 22. Le mot *khathib* (خطيب) signifie proprement,
« celui qui fait la *khothba* (خطبة), ou le prône. » Ce mot s'emploie aussi pour désigner celui qui tient, dans les mosquées, la place que les curés tiennent dans nos paroisses. Voyez d'Herbelot, au mot *Khathib*.

P. 90, l. 24. Comme les khathibs représentent le prince, ils doivent porter nécessairement la couleur de la maison régnante : or, on sait que la couleur des Abbassides était le noir. Voilà pourquoi l'auteur dit qu'il n'y a rien d'étonnant que des khathibs soient vêtus de noir.

P. 91, l. 7. On ne lit le vers فيا من ماهين, &c. que dans le manuscrit A. Le ms. B ne donne que deux vers. Le ms. C, qui n'en donne que neuf, remplace celui-ci par un autre. Enfin, le ms. D en porte douze, comme le ms. A; mais il remplace ce vers par celui qu'on lit dans le ms. C, et que voici :

ونار لو نفخت بها اضاءت ولكن انت تنفخ فى رماد

« Si tu soufflais sur du feu, il jetterait des flammes; mais tu souffles
» sur de la cendre. »

P 91, l. 8. Les mots فكم من رائح فيها وغادٍ signifient, à la lettre, « combien d'allans et de venans sur la terre, au matin
» et au soir, qui &c. »

ALLÉG. XXIX. — *LA HUPPE.*

P. 91, l. 12. Upupa epops de Linnée. Voyez Sonnini, *Voyage en Égypte*, t. I, p. 342 et suiv. et, voyez la figure du هدهد dans Ouseley, *Oriental Collections*, t. II, p. 197. La huppe joue un très-grand rôle dans les poésies mystiques.

P. 92, l. 5. امائر ne se trouve pas dans les dictionnaires; mais on trouve dans Meninski امارة, qui est son singulier, rendu par *signum* [علامة].

P. 93, l. 14. Le mot بهارستان est, selon l'ouvrage sur l'Égypte, *État moderne*, t. I, p. 221, un hôpital pour les fous, les vieillards et les malades indigens. Le فرهنك شعورى le rend par بهار خانه كه عربيك دار), et par دار الشفا : بيمار خانه الشفا ديرلر). Ce mot est persan; il est formé de بيمار, *malade*, et de ستان, terminaison qui désigne un lieu avec idée de multitude de la chose. On dit dans le même sens, بيمار خانه, en turc.

P. 93, l. 15. Le mot قارورة signifie proprement *bouteille*. De là, on l'emploie pour exprimer le vase de verre dans lequel on met l'urine du malade, pour la montrer au médecin; car les médecins arabes font toujours l'inspection des urines, où ils cherchent des signes diagnostiques.

Le mot قارورة se trouve plusieurs fois, en ce sens, dans le *Schahnamèh* (poëme qui contient l'histoire des rois de Perse, en soixante mille vers) de Ferdousi. Je dois cette dernière remarque à M. Auguste Schröner, Prussien, dont les muses orientales pleurent la perte récente. Ce jeune orientaliste, après avoir lu en entier le *Schahnameh*, la plume à la main, en avait fait un extrait, accompagné d'une traduction latine et de notes philologiques, qui devait servir de *specimen* du grand travail qu'il préparait sur cet ouvrage. Il est à desirer que ce *specimen*, auquel l'auteur avait mis la dernière main, soit livré à l'impression.

Ce savant et vertueux jeune homme passait les jours et les nuits sur l'arabe, le persan, le turc, l'arménien et le sanscrit, sans qu'aucun plaisir vînt un seul instant faire diversion à ses travaux. Cette assiduité constante et les dispositions extraordinaires qu'il avait reçues de la nature, laissent concevoir facilement ce qu'il aurait été un jour. C'est sur-tout dans le sanscrit, cette langue si difficile et pour laquelle on a si peu de secours (*), qu'il avait fait des progrès surprenans. Son professeur, M. de Chézy, qui enseigne cette belle langue avec tant de succès, m'en témoigna plusieurs fois son étonnement. Mais, hélas! à peine y avait-il trois mois que M. Schröner était à Paris, qu'une fièvre nerveuse, produite par une application excessive, l'enleva aux lettres et à ses amis.

Affecté douloureusement de la perte d'un condisciple dont une conformité de goûts m'avait fait un ami, j'ai cru pouvoir saisir cette occasion pour jeter quelques fleurs sur sa tombe.

P. 93, l. 19. On a imprimé نبط, qui est la leçon du ms. A, que j'ai ordinairement suivi; mais je pense qu'il faut lire avec les mss. B et D, نبض, *pulsus arteriæ*.

P. 93, l. 25. لعل et سوف sont deux adverbes, dont le premier signifie proprement, *peut-être, pour voir si*, et dont le second indique une chose future. Hariri a dit aussi : واتعلل بعسى ولعل. à la lettre, « Je me traitais avec les mots, *il peut se faire que*, et » *peut-être*. » (*Séance II.ᵉ*)

(*) Le *Dictionnaire Sanscrit-anglais* de Wilson n'a paru qu'après la mort de M. Schröner.

P. 94, l. 3. On croit que l'arbre nommé par les Arabes هليلج est le *Phyllanthus Emblica* de Linnée (*Myrobalanus Emblica* Rumph. *Emblica officinalis*, Gaert. *Nux Emblica officinar.*). Cet arbre a un fruit de la grosseur d'une cerise, qui est charnu: c'est une capsule à trois coques, comme celle de la plupart des euphorbiacées. Le *Phyllanthus Emblica* croît dans l'Inde, particulièrement au Malabar. On apporte communément les segmens de la pulpe desséchée, que l'on employait autrefois comme l'on emploie aujourd'hui le séné et le tamarin.

Il y a trois espèces de myrobalan dont les fruits se trouvent dans le commerce: le *Myrobalanus Chebula* de Gaertn. Lam. (*Terminalia Chebula*, Willd.); le *Myr. Bellirica*, Gaertn. Breyn (Tani Rheed. Malab.), et le *Myr. citrina*, Gaertn. Tous les trois sont originaires des Indes orientales.

Voici ce qu'on lit dans Sprengel (*Rei herb. Hist. t. I, p. 262*), sur l'arbre qui nous occupe: « *Terminalia Chebula* بليلج Avic. 144.
» Alterum nomen هليلج, non huic soli speciei, sed et *Phyllantho*
» *Emblicæ* et ipsi *Meliæ Azedarach* [آزاد درخت] convenit: hinc
» vagum est. Sed distinxerunt cum Avicennâ Arabes ferè omnes
» citrinum fructum à kebalensi, subnigro hoc et subrubro. Esse
» autem utrumque ejusdem arboris; primam enim messim illum,
» secundam hunc largiri. Consuêrunt medio ævo quinque species
» numerare, ad versum illum:

» *Myrobalanorum species sunt quinque bonorum:*
» *Citrinus, Chebulus, Belliricus, Emblicus, Iudus.*

(*Mus. Brasav. exam. simpl. p. 222.*)

» Vox *kebalensis*, quæ à Latino-barbaris in *Belliricos kebuli* mu-
» tata fuit, originem habet ab urbe Kabol in Zablestan, non
» quòd ibi proveniant, sed quòd mercatores eò deferant (*Abulfed.*
» *Büschings Mag. 5, 352*). Ab eâdem arbore varios hos fructus
» venire, *Adansonius* etiam nuperis temporibus testatus est (*Fam.*
» *des plantes, 2, 447*). Qui myrobalanorum species illustrârunt,

» Garcias et Costa, in solo ferè *Phyllantho* substiterunt. *Termina-*
» *liam* nostram nemo ante Kœnigium (*Retz. observ. 5, 31*) cog-
» novit. In Calicut et Cananor præcipuè invenit myrobalanos
» kebalenses Odoard. *Barbessa* (*Ramusio, 1, 359. a*). Gaertnerus
» (*de Fruct. et Sem. 2, 90, 91*) optimè kebulos et citrinos myro-
» balanos ad eamdem speciem pertinere, belliricos autem specie
» differre. Cf. *Antiquit. bot. 100.* »

Il est question du هليلج dans le Catéchisme des Druses. Voici
ce qu'on y lit (Adler, *Museum cuficum Borgianum, p. 127*) : فهكذا

يمكننا (*) ان نعرفه من نوع الخطاب وبده الكلام واخر
السلام (**) فقد يجب ان نساله قائلين يا رجل هل فى بلادكم
يزرعون حب الهلاليج فان اجاب وقال نعم مزروع فى قلوب
المومنين فيكون منا وليس غريبا فيجوز عليه الحسنة والاكرام
وان لم يجب هكذا فلا يكون منا ولا يجوز له الاحسان
الاكرام

« Cognoscimus eos (fratres nostros fideles peregrinos) ex con-
» suetudine, ex exordio sermonis, et ex fine salutationis. Nobis
» enim interrogantibus, *Seminant-ne, amice, in urbe tuâ* (***), *semen*
» *Halalig* (pl. هليلج)! si respondet, *Seminatum est in corde fide-*
» *lium,* noster est, nec peregrinus habendus, sed honore perci-
» piendus. Quod si aliter respondet, alienus est à nobis, nec ho-
» nore dignus. »

Serait-ce le *Hedysarum Alhagi* de Linnée (Rauwolff, *Descr. It.*)
dont il est parlé dans ce catéchisme, qui, comme l'esparcette

---

(*) Pour يمكننا, quatrième forme.

(**) On a imprimé, par erreur typographique, الاسلام : j'ai rétabli la vraie
leçon.

(***) Il fallait traduire, *in regione tuâ*, بلاد, plur. de بلد ville, signifiant
« une réunion de villes », et, par suite, un pays.

[*Hedysarum Onobrychis*], donne un excellent pâturage, et qui est originaire de la Tartarie, de la Syrie, de la Perse et de la Mésopotamie !

Il est en effet difficile de croire que s'il avait été ici question d'un arbre, on se fût servi de l'expression يزرعون حب الهادليج

P. 94, l. 4. La plante nommée محمودة est le *Convolvulus Scammonia* de Linnée. La scammonée est un suc concret, résineux, gommeux et très-purgatif. On en trouve de deux sortes dans le commerce, celle d'Alep et celle de Smyrne ; mais la meilleure vient de Marasch, ville à quatre journées d'Alep, près des frontières de l'Arménie. On l'apporte, dans de petits sacs de peau, à Alep, d'où les marchands l'envoient à Londres et à Marseille. On la tirait autrefois du mont Carmel par la voie d'Acre ; mais il n'en vient plus aujourd'hui. Voyez Hasselquist, *Voyages dans le Levant*, t. II, p. 99.

P. 94, l. 5. Le عنّاب est le *Rhamnus Zizyphus* de Linnée.

P. 94, l. 5. On donne, dans le commerce, le nom de *sébestes* aux fruits du *Cordia Myxa* de Linnée.

Le *Cordia Myxa* croît dans les Indes, au Malabar et en Égypte. Ses fruits, macérés dans le sel et le vinaigre, se mangent dans l'Inde. Les Égyptiens se servent du mucilage tiré de la pulpe pour toutes les humeurs squirreuses, et avec du sucre candi et de la poudre de réglisse pour se guérir de la toux. Voyez *la Relation de l'Ég. d'Abd-Allatif*, trad. par M. de Sacy, *p. 71, 72, et 566*.

P. 94, l. 6. Le خيارشنبر, ou شنبر que l'on écrit aussi جنبر est la *Cassia Fistula* de Linnée, suivant Sprengel, *Rei herbariæ Historia*, t. I, p. 260. L'arbre qui porte la casse ou *cassier*, a quelque ressemblance avec le noyer. Il croît en Afrique, en Égypte, dans le Levant et dans tous les pays chauds des Indes orientales. Voyez Hasselquist, *Voyages dans le Levant*, t. II, p. 99.

Il est bon d'observer que l'auteur ne fait pas ici allusion, comme on pourrait le croire, à cette sorte de langue de convention des Turcs, où l'on emploie des fleurs pour exprimer ses pensées. Au reste, je renvoie ceux qui desireront connaître ce langage mystérieux, au *Secrétaire turc* de du Vigneau, à la XL.ᵉ lettre de milady Montagu, et à une dissertation de M. de Hammer, insérée dans les *Mines de l'Orient*, t. I, p. 32 *et suiv.*

P. 94, l. 9. Quoiqu'on traduise souvent غربال et منخل par les mêmes mots, il n'y a pas moins une grande différence entre ces deux termes : le premier signifie *crible* et le second *tamis*. De غربال vient *cribrum*, et de ce mot, *crible*.

P. 94, l. 15. On a déjà vu une expression à-peu-près semblable dans l'allégorie de la chauve-souris, et j'ai traduit, comme ici : « à l'insu du rival jaloux. » Je crois cependant qu'on pourrait traduire aussi bien et peut-être mieux par : « sans témoins. »

P. 94, l. 27. Tout ce qui précède fait partie de l'allégorie du corbeau, dans le ms. D, et la rédaction en est beaucoup plus longue que dans les autres mss. A la fin de la prose, on lit ces vers :

بين ربى للجذع ووادى الكثيب
شاهدت فى الحضرة وجه الحبيب
ودارت الكاسات ما بيننا
فطبت من وجدى بعيش خصيب
يا عاذلى لو ذقت ما ذقته
لفزت والله باوفى نصيب
شاهدت رجه الحق لما بدا
فغار وجدى فى جمال غريب
سلطان حسن حسنه وافز
فكل من يقصده ما يخيب
امسيت من فرط غرامى به

(197)

موله القلب حزين كئيب
اتلوا اذاما جاءنى زائرا
نصر من الله وفتح قريب

« Entre les tertres de Jaza et la vallée de Kathib, j'ai vu les
» traits adorés de ma bien-aimée. Les coupes ont fait la ronde,
» et, heureux dans mon amour, j'ai goûté le plus doux plaisir
» et la volupté la plus pure. O toi, qui me fais de cruels re-
» proches, si tu eusses ressenti les délices que j'ai éprouvées, tu
» aurais joui, je te l'assure, du bonheur le plus parfait. J'ai vu
» la face de la divinité qui m'est apparue, et mon amour s'est
» comme plongé dans sa beauté extraordinaire. Tous ceux qui
» font de cette maîtresse, dont la beauté est incomparable, l'objet
» de leurs vœux, ne sont point frustrés dans leur espoir. L'excès
» de mon amour pour elle jette mon esprit égaré dans la mélan-
» colie la plus profonde ; mais vient-elle me visiter, voici, me
» dis-je, un secours de la part de Dieu, et une victoire est
» proche. » (Ces derniers mots sont du *Coran, LXI, 13.*)

P. 95, l. 7. Les mots هذا عذب فرات وهذا ملح اجاج son
du *Coran, XXXV, 13,* édit. de Hinck.

P. 95, l. 24. Les mots ما لى لا أرى, jusqu'à مبين, sont du *Cor.*
XXVII, 20. Les mots qui sont plus bas أحطت بما لم تحط به
et اذهب بكتابى هذا sont pris de la même surate, *v. 22 et 28.*
Il y a plusieurs autres phrases dans cette allégorie qui contiennent
des allusions à des passages du *Coran.* On peut lire des détails
curieux sur l'histoire de la huppe de Salomon dans Beïdhawi انوار
التنزيل واسرار التاويل *Ms. ar. de la Biblioth. du Roi, n.º 252.*

P. 96, l. 4. Selon les Musulmans, qui ont emprunté cette fable
aux Juifs, comme beaucoup d'autres, la huppe était la messagère dont se servaient, pour s'écrire mutuellement, Salomon et
la reine de Saba *Balkis* بلقيس Comme il est assez curieux

de cherche l'origine de ce nom, je pense que le lecteur me saura gré de lui communiquer la note suivante de M. le Baron de Sacy, qui m'a permis d'en enrichir mon ouvrage.

Josèphe (*Ant. jud. l. 8, ch. VI, t. I, p. 436.*) prétend que cette reine, qui régnait en même temps sur l'Égypte et l'Éthiopie, se nommait *Nicaule* ou plutôt *Nicaulis*, si on lit dans son texte Νικαυλίν avec plusieurs mss., au lieu de Νικαυλήν; et il attribue à cette reine ce qu'Hérodote dit de *Nitocris*. Dans le *Youchasin* (*f.° 136. Calmet, III, Rois, ch. X, v. 1*) elle est nommée *Nicaula*; d'autres l'appellent *Nicanta* (*Ludolf. Comm. in hist. Æth. p. 231*). L'auteur du *Modjmel altewarikh*, parlant des fables persanes sur l'origine des hommes, dit que *Hamza Isfahani* les compare aux fables arabes de *Lokman* fils d'*Ad*, et aux fables juives concernant *Og* et *Beloukaya*. De נקוליס (نقوليس), qu'on aura confondu avec נקולים, les Arabes ont fait بلقيس Ce nom n'est point dans le *Coran*. Il est même vraisemblable que les Juifs en avaient fait בלוקיא ou בלוקים.

P. 96, l. 18. أوتمن est le passif de la huitième forme de أمن.

P. 96, l. 25. تاج fait allusion à la huppe que le هدهد porte sur la tête, et qu'il élève et abaisse à volonté.

P. 97, l. 2. Allusion aux versets abrogeans et abrogés du *Coran*.

P. 97, l. 14. Le mot *mirage* a été adopté par les voyageurs pour désigner ce que les Arabes et les Persans nomment سراب. On entend par-là l'effet que produit une réfraction extraordinaire que subissent des rayons du soleil, lorsque des couches d'air de densités différentes se trouvent superposées les unes aux autres; ce qui a l'apparence d'un étang. Voyez, sur ce phénomène d'optique, un savant mémoire de Monge, dans l'ouvrage sur l'Égypte, t. I, p. 64 à 79.

Le synonyme de سراب est يلمع, dont on trouve le pluriel يلامع dans la XX.ᵉ séance de Hariri.

P. 97, l. 14. Je crois qu'il est plus naturel de lire ضباب pl. de

ضَبَابَـة *nebula*, que ضِباب plur. de ضَبّ *lacerta*; mais comme ces deux leçons sont également admissibles, je saisirai cette occasion pour donner quelques détails sur le reptile nommé ضَبّ.

Le *Crocodilus terrestris* des auteurs est un *Sauvegarde* ou *Monitor*, tantôt le *Monitor* du Nil (*Lacerta Nilotica*, Linn.) ou ورل *Ouaral* des Arabes, que le peuple croit être un jeune crocodile éclos en terrain sec; tantôt, et plus souvent, le *Monitor terrestris* d'Ég. (Cuvier, *Règne animal*, t. I, p. 25) ou ورل الارض *Ouaral-el-ard* des Arabes. Ce dernier est l'animal employé à faire des tours au Caire; c'est aussi l'animal que les anciens appelaient *Scincus*, et à qui ils attribuaient des vertus aphrodisiaques. Comme, dans le moyen âge (Cuvier, *Règne animal*, t. II, p. 55), on a substitué au *Sauvegarde* ou *Crocodilus terrestris* un autre lézard plus petit, le *Lacerta Scincus* de Linnée (العظام *El-adda* des Arabes), il est arrivé que le nom de *Scincus* a passé à un genre de lézards à pieds très-courts, voisins des *Seps*.

Le mot arabe ضَبّ est très-remarquable. *Seps*, chez les Grecs, signifie « un lézard à trois doigts de la Grèce (*Lacerta Chalcides*, Linn.) » Les zoologistes ont conservé ce genre *Seps* et le placent près du *Scincus*. On fait venir communément le mot *Seps* de σήπειν, *corrompre*. Le scholiaste de Nicandre en donne cette étymologie (παρὰ τὸ σήπειν τοὺς πληγέντας): mais les Grecs, comme bien d'autres peuples, aimaient à chercher dans leur propre langue l'étymologie des mots dont ils se servaient, toutes les fois qu'ils pouvaient être ramenés à une racine. Les espèces de *Seps* étant communes dans l'Orient, il est bien plus probable que les Grecs auront pris ce nom d'une langue sémitique. Il dérive, en effet, de la racine arabe ضَبّ, *hæsit in terrâ, ei appactus fuit*.

Richardson dit que le ضَبّ est bon à manger et est recherché pour le goût de sa chair. En Amérique, on recherche la chair du *Lacerta Iguana*. Le savant voyageur M. de Humboldt s'en est souvent nourri. Il est certain que, dans l'Égypte, on a, de tout temps, mangé comme stimulant (mais seulement en petites doses) le *Ouaral* et le *Scincus*, qui est voisin des *Seps* des zoologistes modernes. Il serait donc probable que le ضبّ des Arabes se trouvât ou dans les *Scincoïdes* de M. Cuvier, ou dans les Sauvegardes *(Crocodilus terrestris* ou *Scincus des anciens)*.

P. 97, l. 16. Le ms. B omet ces vers, et contient à la place une sorte d'introduction aux allégories des quadrupèdes; le ms. C donne trois vers différens; enfin le ms. D en donne aussi trois autres, mais tout différens, que voici :

قد دقت الكاسات وطاب الشراب

وقد صفا وقت الندامى وطاب

وزالت الوحشة عن خاطرى

وبدل الهجر صلحا واقتراب

وقرت العين بمحبوبها

وارتفع البين وزال الحجاب

« On a choqué les coupes et on a savouré la boisson la plus
» délicieuse. Les convives ont passé les momens les plus agréables
» et les plus voluptueux. Plus de tristesse causée par de cruels dé-
» dains; mais au contraire la faveur et la félicité. Mon œil a été
» enivré du bonheur de voir ma maîtresse: rien ne me sépare
» plus d'elle; plus de rideau, plus de voile. »

P. 97, l. 20. J'ai développé dans ma traduction la pensée que l'auteur a, selon moi, voulu exprimer par les mots من كل معنى لطيف اجتنى قدحا On trouve souvent chez les poëtes mystiques la figure que je crois renfermée dans cette phrase. C'est ainsi que Hafiz a dit :

ما در پیاله عکس رخ یار دیده ایم

اى بى خبر زلذت شرب مدام را

« J'ai vu dans ma coupe le reflet des joues de mon amie
» (Dieu). Comment pouvez-vous comprendre le plaisir que j'ai
» goûté, vous qui ne connaissez pas ce que c'est que la boisson
» délicieuse du vin (de l'amour de Dieu) ! »

ALLÉG. XXX. — *LE CHIEN.*

P. 98, l. 2. « Les chiens sont pour les musulmans des bêtes
» immondes qu'ils ne souffrent point dans leurs maisons, qu'ils
» évitent avec soin et qu'ils n'osent toucher sous peine de devenir
» impurs. Ils sont constamment réunis dans les rues, leur seule
» habitation. Ils n'ont d'autre nourriture que celle qu'ils peuvent
» ramasser aux portes des maisons ou découvrir en fouillant dans
» les immondices. Les femelles déposent leurs petits dans quelque
» coin d'une ruelle écartée ou peu habitée ; car un sectateur de
» Mahomet ne les supporterait pas chez lui. Continuellement en
» butte aux coups des passans ; quelquefois massacrés sans pitié
» par une canaille armée ; exposés aux intempéries de l'air ; ne
» trouvant qu'avec peine de quoi soutenir une vie souffrante ;
» maigres, décharnés, souvent rongés par une gale qui dégénère
» quelquefois en une espèce de lèpre ; hideux même par leur
» état de délabrement, ces malheureux animaux inspirent autant
» de compassion que l'on ressent de mépris et d'indignation pour
» les barbares au milieu desquels ils habitent. Il est sans doute
» étonnant que plusieurs de ces chiens ne soient pas fréquem-
» ment attaqués de l'hydrophobie ; mais cette maladie, rare dans
» le nord de la Turquie, l'est encore plus dans la partie méri-
» dionale de cet empire. » Sonnini, *Voyage en Égypte*, t. I,
pag. *312 et suiv.*; et voyez Mouradgea d'Ohsson, *Tabl. de l'emp.
ott.* t. *IV,* Ire part. p. *308* (édit. *in-8.º*), et Chardin, édit. de
M. Langlès, *t. V*, p. *368*.

Je crois devoir citer un vers de Saadi *(Gul. 11, 5)* à l'appui
de ce qu'on vient de lire :

اگر بركه پر كنند از گلاب
سگى درو افتد كند مجلاب

« Si l'on remplissait d'eau de rose un bassin, et qu'un chien
» vînt à y tomber, il la rendrait immonde. »

P. 98, l. 11. Après les mots يا مسبلا ثياب الاعجاب, on lit, dans le ms. D, le morceau suivant:

اما علمت ان الدنيا بدار نفاد وذهاب، اما رايت ما فعل الموت بالاهل والاحباب، اما علمت ان مصيرك التراب، اما تقف مع خصمك يوم لحساب، اما تختشى يوم العرض من التوبيخ والعتاب، اعمل ما هممت فالكل مثبوت عليك فى كتاب، فان اهتديت الى التوفيق، رايت الصواب وان ضلك عن الطريق، فالله يضل من يشاء ويهدى اليه من اناب، وعليه التوكل واليه المصير والماب.

شعر

طوبى لمن لاذ بذاك الجـــناب
وبات يشكوله شجوه بانتحاب
وقام فى الليـــل على رجله
عساه ان يحظى برفــع الحجاب
يا فوز من ناجاه فى خــلــوة
قد لذ فيها للحب العــتــاب
يايها العبد الى كم جـــفــا
والعمر ولى مسرعا فى ذهــاب
انهض الى مولاك مستغفــرا
عساه يمحوا ما حواه الكــتاب
وراقــب الله وظن راضيــا

بكل ما يقضيه فهو الصواب

ولد بجاه المصطفى احمد

رسوله الهادى لطرف الصواب

صلى عليه الله ما اهرقت

شمس وما لاح بروض ضراب

قال فان كنت من المتقين ، فكن ذا يقين ، واسلك سبيل العارفين، وسس نفسك, &c.

« Ne sais-tu donc pas que le monde est une habitation qui s'évanouit et qui disparaît, et que la mort doit venir couper pour toujours les liens de la parenté et ceux que forma l'amour! Ne sais-tu pas que bientôt tu seras dans la poussière, et qu'au jour où tu dois rendre compte de tes actions, tu paraîtras avec ton adversaire devant le souverain juge! Ne crains-tu pas de recevoir alors des reproches et des réprimandes! Tu le sais, tu peux actuellement faire ce que tu veux: mais le livre de tes œuvres en reçoit le détail circonstancié. Si tu es dirigé vers la vraie religion, tu seras dans le bon chemin ; mais si Dieu t'égare de la voie droite, sache qu'il égare qui il veut, et dirige celui qui se repent. Plaçons donc toute notre confiance en Dieu : c'est vers lui que nous retournerons, et auprès de lui que notre demeure sera fixée.

VERS.

» Heureux celui qui cherche un asyle auprès de cette majesté sacrée; qui passe la nuit à lui exprimer son amour et à gémir amoureusement; qui veille constamment durant les ténèbres, dans l'espérance d'avoir le bonheur de soulever le voile qui lui cache cet objet radieux. Heureux celui que cette divine amie a pris en tête-à-tête! elle lui a fait des reproches, mais ces reproches mêmes sont de douces faveurs. Esclave de l'Éternel, ne mettras-tu pas fin à tes injustices! Vois ta vie qui s'avance

» avec précipitation vers le terme, et hâte-toi de demander
» pardon à ton Seigneur, dans l'espérance qu'il effacera ce qui
» est écrit dans le livre de tes œuvres. Crains Dieu, soumets-
» toi à sa volonté; car c'est l'équité même. Aie recours au
» pouvoir de son Prophète élu, Mahomet, qui nous a dirigés
» dans la voie droite. Que Dieu lui soit propice, tant qu'un soleil
» se levera à l'Orient, et que, durant le sombre hiver, une
» gelée blanche couvrira les prés! »

―――――

» Si tu es du nombre de ceux qui craignent Dieu, reconnais
» donc la vérité, suis le chemin que suivent les gens du spiri-
» tualisme &c. »

P. 98, l. 18. Pour concevoir l'allusion que fait ici l'auteur, il faut savoir que le mot فقير, qui signifie *pauvre malheureux, &c.* s'emploie plus ordinairement pour désigner celui qui est pauvre dans le sens mystique (Μακάριοι οἱ πτωχοὶ τῷ πνεύματι. *Mat. V, 3.*) c.-à-d. « celui qui est dans le degré du spiritualisme nommé فقر » De là on appelle les moines فقير en arabe, et درويش en persan, parce qu'ils renoncent volontairement au monde et qu'ils embrassent cette sorte de pauvreté volontaire et spirituelle. Qu'on ne soit pas étonné que j'emploie le mot *moine;* car, quoique Mahomet ait dit, لا رهبانية فى الاسلام « Il n'y a pas de vie mo-
» nastique dans l'islamisme », je ferai observer que le prophète parle ici de la vie monastique chez les chrétiens, et non de l'état religieux chez les musulmans, où les moines ne font point vœu de chasteté, mais sont mariés, ou peuvent du moins se marier lorsqu'ils le veulent.

Le *mendiant* se nomme سائل en arabe, et كدا en persan.

P. 98, l. 19. Voyez, par rapport aux mots مقام محمود, les notes sur l'allégorie de la perruche.

P. 99, l. 2. Je pense que le mot خوان répond au سفرة des Arabes, qui est une sorte de grande bourse de cuir, ronde, et bordée de franges. Elle sert à-la-fois et de bissac et de nappe, ou, pour mieux dire, de table, car la table des Orientaux n'est autre chose qu'un خوان ou un سفرة étendu par terre.

P. 99, l. 11. Le mot اعواد, pl. de عود, désigne ici la bière; mais il ne signifie proprement que *les montans* et *les traverses*: le véritable nom de la bière est نعش

P. 99, l. 23. Voyez, sur les mots طلّ et وابل ou وبل, les notes sur l'allégorie du canard.

P. 99, l. 25. A la lettre: « Prends le pan de ma robe, et » attache-toi à mes cordes. »

P. 100, l. 9. La forme الالا se rencontre assez souvent en poésie; on la retrouvera encore dans l'allégorie du ver-à-soie. Je me contenterai de citer Hariri, séance XXI:

وحافظ على تقوى الاله وخوفه

ALLÉG. XXXI. — *LE CHAMEAU.*

P. 101, l. 2. Camelus dromedarius de Linnée. Voyez dans Sonnini, *Voyage en Égypte*, t. II, p. 118, la distinction du *Camelus Bactrianus*, à deux bosses بخت, de celui-ci, à une seule.

P. 101, l. 8. A la lettre, « qui se décide à mettre sous son che- » vet &c. » Une chose à remarquer, c'est que, dans le second membre de la phrase, l'auteur a employé le mot معانقة *embrasser*, dans le même sens figuré que nous employons notre mot *embrasser*, et que les Latins emploient *amplecti*.

P. 101, l. 11. Cette sentence, qui se trouve dans bien des auteurs, sous des formes différentes, se lit entre autres dans Hariri, XVII.ᵉ séance: وشرف الاعمال فى تقصير الآمال

P. 101, l. 16. Au lieu de الارذال, leçon du ms. B, le ms. A porte الاذلال, et les mss. C et D الادلال

P. 101, l. 21. Les mss. portent زمول. On trouve dans les dictionnaires, à la racine زمل, *cucurrit inclinans ad unius lateris*

onus, et latus alterum attollens: ut jumentum cùm inæqualiter onustum. Comme cette signification n'est pas satisfaisante, par rapport au contexte, M. de Sacy conjecture qu'il faut lire ذمول *in incursu vacillans in utrumque latus* camela.

P. 102, l. 18. Nous avons déjà vu une expression à-peu-près semblable dans l'allégorie du paon هرابى التسبيح وطعامى التقديس. Ceci fait sans doute allusion au jeûne rigoureux des derviches, à qui la prière sert pour ainsi dire de nourriture et de boisson.

P. 102, l. 20. Les mots وتحمل اثقالكم sont du *Cor. XVI, 7.*

P. 103, l. 5. يثرب *Jathreb* est l'ancien et véritable nom de Médine, qu'on appelle aujourd'hui المدينة *la ville par excellence*, parce que Mahomet y établit le siége de l'empire des musulmans. On dit aussi المدينة النبوية ou مدينة النبى *ville du Prophète*, à cause que cette ville renferme le tombeau de Mahomet, que les pélerins visitent ordinairement au retour de la Mecque. Voyez Rommel, *Abulfedæ Arabiæ Descriptio &c. p. 72 et 73*, et la *Biblioth. or.* au mot *Medinah*.

Plusieurs villes d'Espagne ont conservé la dénomination arabe de *Medina* : telles sont, *Medina-del-Campo, Medina-Sidonia, &c.* Les Maltais appellent aussi *Medina* l'ancienne capitale de leur île, la *Civita-Vecchia*.

P. 103, l. 7. Voici ce qu'on trouve sur ce وادى العقيق dans Rommel, *Abulf. Ar. Descr. p. 75* : « Ex vallibus, quæ العقيق vocan-
» tur, est *Al-Akik* superior propè Madinah seu *urbem Apostoli*,
» quâ parte spectat *Al-Harrah* الحرة usque ad viciniam *Al-Baki*
» البقيع, quæ est cœmiterium Al-Madinah. Porro
» *Al-Akik inferior, quæ vallis est infrà priorem*. » Et voici le texte d'Abulf. (*Geogr. vet. script.* Oxford, 1712, *t. III, p. 7*) que j'ai corrigé d'après les observations de M. Rommel : ومن المواضع المشهورة بديار العرب العقيق قال المشترك هو اسم لعدة اودية فيها العقيق الاعلى عند مدينة الرسول صعم وهو مما يلى الحره الى

منتهى البقيع مقابر المدينة ومنها الـ تبيق الاسفل وهو اسفل من ذلك

P. 103, l. 9. Le نعام est le *Struthio camelus* de Linnée.

P. 103, l. 10. اجرى est pour أجرِ par licence poétique.

P. 103, l. 14. Le ms. B porte dix vers tout différens ; le ms. C en porte trois, tout différens aussi ; enfin, le ms. D porte les mêmes, mais avec ces variantes : le premier hémistiche du second vers est ainsi : وان ترى الاعلام فى طيبة ; ce qui paraîtrait prouver qu'il faut lire اللِواء pour اللِواء qui a le même sens que عَلَم mais le ms. porte اللوى. Quant à طيبة, c'est, comme يثرب, un des anciens noms de Médine. Au troisième vers, il y a عليك, au lieu de علينا ; puis il y a un vers intercalé. Dans le suivant, il y a اغتندت au lieu de انتندت. Dans le dernier, au lieu de يا ساكن لحى, on lit يا خاتم الرسل «ô cachet des prophètes » (Mahomet) ! » puis viennent les vers suivans :

من مدنف شيق ذاك الحما   ما زار جفنيه لذين المنام
اقعدنى ذنبى من بابكم   وصدنى دون الحطيم الحطام

« Un songe agréable n'est pas même venu récréer les paupières
» de ton amant malheureux, qui desire si ardemment de parvenir
» à ta tente adorée. Ce sont mes infidélités qui m'ont éloigné du
» seuil de ta porte ; c'est mon indifférence qui m'a privé de la
» vue de ta sainte caaba. »

ALLÉG. XXXII. — *LE CHEVAL.*

P. 103, l. 16. Equus caballus de Linnée.

P. 104, l. 12. Hariri, *s. XIII.ᵉ*, se sert d'une expression à-peu-près semblable, mais dans un sens figuré. لا يعلق لهم مبار بغبار
« Leurs rivaux n'atteignaient pas même la poussière de leurs pieds.»

P. 105, l. 8. Les mots ما عندكم ينفد وما عند الله باقٍ sont du *Coran*, XVI, 98.

P. 105, l. 17. Le jour du jugement est souvent indiqué, dans le *Coran*, par les mots اليوم الموعود. On les trouve entre autres, dans ce sens, tout au commencement de la *LXXXV.*ᵉ sur. والسماء ذات البروج واليوم الموعود « J'en jure par le ciel qu'ornent les » signes du zodiaque, par le jour du jugement, &c. »

P. 105, l. 18. Cette phrase et une partie des phrases qui suivent, sont remplies d'allitérations et de jeux de mots, que les orientalistes apercevront facilement dans le texte. Ces sortes de beautés (si toutefois ce sont des beautés), disparaissent dans les traductions.

P. 106, l. 13. Il est probable que les mots الخيل معقود, &c. sont une tradition.

P. 106, l. 13. Je ne sais si les mots خلقت من الريح ont rapport à une tradition; mais il est certain que les anciens croyaient que les cavales pouvaient concevoir par l'effet du vent. Homère dit des chevaux d'Achille :

Τὰς ἔτεκε Ζεφύρῳ ἀνέμῳ Ἅρπυια Ποδάργη,
Βοσκομένη λειμῶνι παρὰ ῥόον ὠκεανοῖο.
Iliad. XVI, 150-51.

et en parlant d'Érichthonius :

Τοῦ (Ἐριχθονίου) τρισχίλιαι ἵπποι ἕλος κάτα βουκολέοντο
Θήλειαι, πώλοισιν ἀγαλλόμεναι ἀταλῇσι·
Τάων καὶ Βορέης ἠράσσατο βοσκομενάων,
Ἵππῳ δ' εἰσάμενος παρελέξατο κυανοχαίτῃ·
Αἱ δ' ὑποκυσάμεναι ἔτεκον δυοκαίδεκα πώλους.
Iliad. XX, 221-25.

et Virgile dit des jumens :

Ore omnes versæ in Zephyrum stant rupibus altis,

*Exceptantque leves auras; et sæpè, sine ullis
Conjugiis, vento gravidæ (mirabile dictu),
Saxa per et scopulos et depressas convalles
Diffugiunt; non, Eure, tuos neque solis ad ortus;
In Boream Caurumque, aut undè nigerrimus Auster
Nascitur, et pluvio contristat frigore cœlum.*

Georg. III, 273-79.

« Res vulgata, dit Heyne, veteres credidisse, 'ἐξανεμοῦσθαι,
» vento gravidas reddi posse equas. Præter Cretam (v. Aristotel.
» *Hist. anim. VI, 18*), in Lusitaniâ, circa Olyssiponem (cf. Varro,
» *R. R. II, 1, 19*), Favonio seu Zephyro flante, id potissimùm con-
» tingere, existimatum est (loca v. ap. *Cerdam*), quoniam æstuantes
» amore equas, versùs Oceanum currentes, Zephyrum hiante ore
» excipere videbant. Vide imprimis Colum. *VI, 27, 3, sqq.*, ubi
» totus hic locus adscribitur. »

P. 106, l. 14. Voyez, par rapport aux mots النقديس et التسبيح, les notes sur la lavande.

P. 106, l. 17. « Les Arabes ont beaucoup de confiance aux amu-
» lettes ou talismans. Ils les composent de passages de l'Alcoran
» et des hadis (qui sont les dits des premiers successeurs de
» Mahomet), de prières de leurs saints, mêlées de termes caba-
» listiques : le tout écrit avec de grandes circonspections à l'égard
» du papier, sur-tout à l'égard du temps et du lieu. Ils les portent
» au cou, à la ceinture, mais plus communément au bras, en de
» petits sacs de soie ou de brocard, &c. » Voyez Chardin, édit.
de M. Langlès, *t. II, p. 275* et suiv.

P. 106, l. 21. Voyez, par rapport à ce que l'auteur dit de la soie, les notes sur l'allégorie de l'araignée.

P. 106, l. 23. Au lieu de حززت اهل النفاق جزا, on lit dans le ms. D : جززت فى روس اهل النفاق جزا

P. 106, l. 26. Les mots هل تحس منهم من احد او تسمع لهم ركزا sont du *Coran, XIX, 98.* Marracci traduit ainsi ce verset :

« An invenies ex eis (hominibus litigiosis), vel unum, aut audies
» de eis mussitationem ! »

P. 107, l. 1.er On ne lit point de vers dans le ms. B ; le ms. C en porte trois différens, et le ms. D dix-sept, tout différens aussi, qui contiennent une foule d'allégories et de jeux de mots: on y trouve plusieurs phrases que l'on a déjà lues dans l'allégorie de la huppe, et, dans les derniers vers, des conseils qui ne me paraissent présenter rien de saillant, et qui ne sont guère qu'une répétition de ce qu'on a lu dans l'allégorie du corbeau : je ne crois donc pas devoir surcharger mes notes de cette tirade.

ALLÉG. XXXIII. — *LE LOUP-CERVIER.*

P. 107, l. 17. Voyez, sur cet animal, le *Dictionnaire d'histoire naturelle* impr. chez Déterville, au mot *Lynx*, et l'extrait de Démiri qui se trouve à la suite du poëme de *la Chasse* d'Oppien, traduit en français par M. Belin de Balu.

P. 108, l. 20. Le mot توبة signifie non-seulement « revenir à » Dieu en renonçant à la mauvaise conduite que l'on menait, » mais encore « se mettre ensuite à pratiquer les devoirs que nous » prescrit la religion. » التوبة هو الرجوع الى الله بحــلّ عقدة الاصرار عن القلب ثم القيام لكل حقوق الرب *Kitab Tarifat.*

P. 108, l. 25. On peut lire, la seconde fois, معنى, esprit, &c., ou معنا, avec nous. J'ai conservé l'orthographe par ا à cause de cette espèce de jeu de mots.

P. 109, l. 9. Les mots السنى هو مخ العبادة signifient à la lettre, « qui est la moelle de la dévotion. »

On trouve dans Hariri, *séance XV,* الجوع السنى هو شعار الانبياء وحلية الاولياء « La faim est le vêtement des prophètes et » l'ornement des amis de Dieu. »

P. 109, l. 15. Le texte porte à la lettre : « Je dresse mon trône » par-tout où je veux, et j'étends mon tapis par-tout où je m'amuse. »

P. 109, l. 19. Le ms. C ne contient point de vers ; le ms. B en contient un seul ; enfin le ms. D, dont la rédaction est toujours beaucoup plus longue, dans ces dernières allégories sur-tout, en contient quatre que voici :

إذا رمت الوصال من الموالى
لكى ترقى الى رتب الكمالى
فبادر وانهض واجتهد ووافق
ذوى الاخلاص فى ظلم الليالى
وكن فى القصد ذا طلب وغزوة
واطلب ما اشتهيت ولا تبالى
تنال السؤال والمطلوب جهرا
وتبلغ ما تريد من الموالى

« Puisque tu desires t'unir à cet objet sacré, ne tarde pas un instant
» à faire tous tes efforts pour mériter ce bonheur; dans l'obscu-
» rité des nuits, associe-toi à ses fidèles adorateurs, pour t'élever
» aux degrés sublimes du spiritualisme. Poursuis vivement l'objet
» de tes feux, suis ta passion sans te mettre en peine de rien : tu
» obtiendras ce que tu desires, et les faveurs de la beauté que tu
» adores seront le prix de ta constance. »

ALLÉG. XXXIV. — *LE VER-À-SOIE.*

P. *110, l. 2.* Le دود القز est le *Bombyx Mori* de Linnée;
Russel, *Natural History of Aleppo,* t. II, p. 222; et Hasselquist,
Voyages dans le Levant, t. II, p. 62.

P. *110, l. 9.* Les Arabes disent en proverbe: الجود بالنفس غاية
الجود « Donner sa propre vie, c'est le comble de la libéralité. »

P. *110, l. 13.* Dans cette partie de ma traduction je n'ai pas rendu
les mots أنا المتوالدة من غير والد ولا مولودة « je viens au monde
» sans père ni mère, » attendu qu'ils sont répétés plus bas.
Il faut observer que مولودة est ici pour مولودة لها *mère*; à la
lettre, « celle à qui est né (un enfant). »

P. *110, l. 17.* « En Syrie, on fait éclore les œufs des vers-à-soie

» dans un endroit chaud, ou bien les femmes les tiennent dans leur
» sein ou sous leurs oreillers. » Hasselquist, *Voyages dans le Levant*,
t. II, p. 61.

P. 110, l. 19. جمع شملى signifie littéralement « la réunion de ma
» dispersion ; » mais cette expression indique souvent, comme je
l'ai déjà fait remarquer, le passage d'un état malheureux à un état
heureux ; c'est donc ici, « le passage de la non-existence à l'exis-
» tence. »

P. 110, l. 20. On voit que l'auteur joue sur la signification op-
posée des mots وصل et فصل

P. 110, l. 23. A la lettre : « Je vois que je n'ai ni père, ni mère,
» ni oncle maternel ni paternel. »

P. 111, l. 5. Jeu de mots sur la double signification de حول

P. 111, l. 11. Cette sentence se trouve dans le *Coran*, LV, 60 ;
on la rencontre aussi dans divers auteurs orientaux, et, entre
autres, dans une fable de l'*Anvari Soheïli* (*fol. 52 verso*), que j'ai
déjà citée.

P. 112, l. 3. Les mss. A et C portent ومن طيب : On peut conjecturer que l'auteur avait écrit ومظنة نشرى « le lieu où j'espère
» ressusciter. »

P. 112, l. 17. Les mss. portent لكى, qui est la manière vulgaire
d'écrire لك ; car toutes les fois qu'il est nécessaire de prononcer le *kesra*, on y substitue, en arabe moderne, un ى
pour fixer la prononciation. C'est par une suite de ce système
que, lorsque les Arabes qui ne connaissent pas les règles de la
grammaire [النحو] veulent prononcer la nunnation du *kesra*, ils
écrivent souvent la nunnation ʳ, la seule qu'ils emploient ordinairement. Ainsi il n'est pas rare de lire à la suite des adresses des
lettres : أمانه بخيرًا من بعد اشواق, et, au commencement : الى مشاهدتكم على كل خيرًا, ou d'autres phrases semblables.

P. 112, l. 18. Les mots وامرى وامرك مريج font allusion au 5.ᵉ verset de la L.ᵉ sur. du *Cor.*, qui porte : فهم فى أمر مريج Cette expression n'est pas très-facile à rendre ici; Beïdhawi l'explique ainsi : مضطرب من مرج الخاتم فى اصعبه اذا خرج وذلك قولهم تارة انه شاعر وتارة انه ساحر وتارة انه كاهن Le *Kamous* (éd. de Calcutta, p. 256) la rend par مختلط *perplexum et confusum* negotium.

P. 112, l. 19. Les mots ولا سوى signifient à la lettre, « ni sur » aucun autre. » Au lieu de cette phrase, le ms. D porte : وكن سوى فى الحرف، ولا مجرى لك على ولا حرف

P. 112, l. 26. L'auteur fait ici allusion à ce qu'on lit dans le *Cor.* XXIX, 40 : مثل الذين اتخذوا من دون الله اولياء كمثل العنكبوت اتخذت بيتا وإنّ اوهن البيوت لبيت العنكبوت « On peut comparer ceux qui prennent des protecteurs autres que » Dieu, à l'araignée, qui se construit un asyle qui est la plus frêle » des demeures. »

Hariri, *séance XV*, dit, en décrivant une maison : احرج من التابوت واوهن من بيت العنكبوت « plus étroite que la bière, » et plus frêle que la demeure de l'araignée. »

P. 113, l. 3. Jeu de mots entre كحل, *collyre*, et كحل *noirceur de l'œil*. Pour comprendre l'allusion de l'auteur, il faut savoir que, selon les Orientaux, les plus beaux yeux sont les yeux noirs, et qu'en conséquence, les Levantines, pour suppléer à cette beauté ou pour l'augmenter, font usage du كحل, qui est une poudre extrêmement fine, composée en grande partie d'oxide de zinc, qu'elles posent sur le bord de leurs paupières avec une sorte d'aiguille nommée ميل. Voyez la *Bibl. or.* au mot *Surmeh* [سرمه], qui est le nom que les Persans et les Turcs donnent au كحل

P. 113, l. 5. Le ms. B porte quatre vers tout différens, qui ne sont que la répétition de ce qu'on a lu dans la prose sur les soins que l'on donne au ver-à-soie.

Le ms. D contient sept autres vers, tout différens aussi ; je me contenterai de donner les quatre derniers :

إلى ترَان المرء طول حياتـه
معنى بامر لا يزال يعالجـه
تراه كدود القز ينسج دائما
ويهلك غما وسط ما هو ناسجه
يفنى الحريص يجمع المال مدته
وللحوادث والـورات ما يـدع
كدودة القز ما تبنيه يهلكها
وغيرها بالذى تبنيه ينتفـع

« Pendant toute sa vie, l'homme se livre à des affaires qui occupent
» tous ses momens : tel est le ver-à-soie, qui file continuellement
» et qui périt de chagrin au milieu de son travail.

» Après avoir employé tant d'instans à amasser des richesses,
» l'homme avide meurt, et ce qu'il laisse devient la proie des acci-
» dens et de ses héritiers : tel est encore le ver-à-soie ; la demeure
» qu'il se construit cause sa mort, et un autre fait son profit de
» la cellule qu'il s'était formée. »

ALLÉG. XXXV. — L'ARAIGNÉE.

P. 113, l. 15. Le عنكبوت est l'*Aranea domestica* de Linnée ; Russel, *Nat. Hist. of Aleppo*, t. II, p. 234.

P. 113, l. 18. ميتوتا est pour ميتوتن.

P. 114, l. 10. Le mot لعاب *salive*, signifie aussi toute sorte de matière visqueuse et gluante : de là, il se prend pour la matière glutineuse avec laquelle les insectes fileurs tissent leurs toiles ou leurs cocons, pour le miel, &c.

P. 114, l. 11. Il y a ici un jeu de mots. L'auteur, par les mots الخلطة وآفاتها, veut indiquer le malheur de mêler les fils de la toile, et fait, en même temps, allusion à la société et aux maux qui en proviennent.

P. 114, l. 12. طاقات est le plur. de طاق ou de طاقة qui signifie proprement *fenêtre*. Le mot طاقة me rappelle quelque chose de fort singulier que je crois devoir mettre ici. Il circule dans le Levant des pièces de Hongrie en argent qui portent un écusson, des dollars de Hollande qui portent la figure d'un lion, enfin des piastres d'Espagne qui ont les deux colonnes d'Hercule, avec la fameuse inscription: *Non plus ultrà*. Les Arabes, prenant l'écusson des pièces de Hongrie pour une fenêtre, nomment ces écus ابو طاقة *le père de la fenêtre* (d'où vient le mot *pataque*); croyant que le lion des dollars de Hollande est un chien, ils nomment ces écus ابو كلب *le père du chien*; enfin, s'imaginant que les colonnes des piastres d'Espagne sont des canons, ils nomment ces piastres ابو مدفع *le père du canon*.

P. 114, l. 13. Au lieu de منكسا فى الهوا رقيقا, le ms. B porte مفكرا فى الهوى ، موضوعا للبلاد ce qui vaut peut-être mieux.

P. 114, l. 23. Les mss. portent كنتى; j'ai rétabli la vraie orthographe.

P. 114, l. 26. Lorsque Mahomet voulut se retirer de la Mecque à Médine, avec ses nouveaux prosélytes, pour éviter la persécution des Coraïschites, qui ne pouvaient souffrir qu'il abolît l'idolâtrie pour y établir sa nouvelle religion, il sortit un soir de la maison d'Abou-becre, son beau-père, accompagné de lui seul, pour passer la nuit dans une grotte de la montagne nommée *Thour*, à une heure de chemin de la Mecque.

« Aussitôt que l'on eut appris dans la Mecque sa retraite, les » Coraïschites se mirent en campagne pour se saisir de sa per- » sonne, et arrivèrent jusqu'à l'entrée de la caverne où il s'était

» caché, dès le grand matin du jour suivant. Le premier miracle
» qui se fit, fut que cette même nuit, en vertu de la toute-
» puissance de Dieu, un arbre d'acacia ou de gagie était crû à
» l'entrée de la grotte, et une paire de pigeons ramiers y
» avaient déjà fait leur nid; ce qui restait d'ouverture à la ca-
» verne, se trouva de plus fermé d'une toile d'araignée.

» Toutes ces choses, étant des marques certaines qu'il n'y avait
» personne dans ce trou, ôtèrent la pensée aux Coraïschites d'y
» fouiller. Abou-becre fut saisi d'une fort grande peur, lorsqu'il
» vit approcher leurs ennemis si près du lieu où ils étaient; mais
» Mahomet lui dit: *Vous croyez que nous ne sommes ici que deux;*
» *mais il y en a un troisième, et c'est Dieu, qui est au milieu de nous*
» *et qui nous protégera.* » Biblioth. or. au mot *Hegrah*.

P. 115, l. 8. On trouve également le mot معقول avec la signification de *bon sens* dans la préface des séances de Hariri. Voici ce qu'en
dit la glose: المعقول اسم للعقل كلجلود للجلادة
واليسر وهى من جملة المصادر التى وردت على مثال اسم المفعول وفى
المثل ما له حول ولا معقول ويقولون علم مقولا وعديم معقولا
وينشد الراعى شعر
حتى اذا لم يتركوا لعظامه لحما ولا لفؤاده معقولا

P. 115, l. 9. Les étoffes de soie, quoique permises aux
femmes, sont interdites aux hommes. Ceci est fondé sur ces
paroles du Prophète: « Ne portez point d'habit de soie, car
» celui qui s'en revêt dans ce monde, ne s'en revêtira jamais
» dans l'éternité. » لا تلبس الحرير فانه لابسه فى الدنيا لم
يلبسه فى الاخرة . Mais, si l'on en excepte les oulémas et
quelques dévots parmi les laïques, toutes les familles opulentes font
usage des habits de soie et des plus riches étoffes. Voyez les détails
dans Mouradgea d'Ohsson, *Tabl. de l'Emp. ott. t. IV, p. 101 et 132.*

P. 115, l. 23. Voyez, par rapport au mot فسا, les notes sur
le narcisse.

ALLÉG. XXXVI. — *LA FOURMI.*

P. 116, l. 8. On voit que l'auteur joue sur les mots نملة pour نَمْلَةٌ et نَمْ لَهُ

P. 116, l. 19. Allusion à la forme de la fourmi, qui a le pédicule du ventre étranglé, et à l'usage des domestiques, dans le Levant, qui, lorsqu'ils servent, serrent leurs larges habits avec une ceinture pour agir avec moins de gêne.

P. 117, l. 3. La parasange est une mesure itinéraire de Perse. Voyez Chardin, édit. de M. Langlès, *t. IV, p. 177 et suiv.*

P. 117, l. 6. L'expression, « celui qui fend l'amande et le noyau, » se trouve dans le *Coran*, VI, 95, et signifie *Dieu, le Créateur.*

P. 117, l. 8. كزبرة ou كسفرة (leçon du ms. A) est le *Coriandrum sativum* de Linnée (M. Delile, *Ouv. sur l'Égypte, Hist. nat. t. II, p. 58*). Le fruit de la coriandre se divise, à l'époque de sa maturité, en deux moitiés ou graines : il est clair que quand on divise le fruit en quatre, on coupe chaque graine en deux et on l'empêche de germer.

P. 117, l. 26. Ces mots sont de la surate LXXIV, v. 34.

P. 118, l. 1. Depuis le mot *nous observons,* jusqu'à la fin de l'allégorie, la fourmi parle d'elle et de ses compagnes à la troisième personne du pluriel ; mais j'ai mis dans ma traduction la première personne, pour donner plus d'ensemble et plus de clarté.

P. 118, l. 11. Ces vers sont au pluriel en arabe, et peut-être aurais-je dû les rendre également au pluriel et leur donner un autre sens. Je crois cependant ma traduction fidèle ; car il me semble qu'on ne peut les placer que dans la bouche du poëte, et, dans ce cas, il me paraît difficile de leur donner une autre signification.

Ces vers ne se lisent que dans les mss. A et D. Le ms. B en contient cinq tout différens, et finit ici l'allégorie. On en lit un seul dans le ms. C.

P. 118, l. 21. C'est à dessein que je n'ai pas traduit les mots ومصايد الاشراك ; je me suis contenté d'exprimer le sens d'une manière vague.

P. 119, l. 4. Voyez sur le mot اخلاص les *Notices des Mss.* t. X, p. 32.

P. 119, l. 7. Ces mots sont tirés de la XXXIII.ᵉ surate, v. 23.

ALLÉG. XXXVII ET DERNIÈRE. — *LE GRIFFON.*

P. 119, l. 15. Je traduis عنقا par *griffon*; on pourrait peut-être le traduire aussi bien par *phénix*. Cet animal peut se comparer à l'hippogriffe de l'Arioste : les Persans le nomment سيمرغ *simorg*. Voyez M. Freyherr von Dalberg, *Simorg der persische Phönix*. (*Mines de l'Or.* t. I, p. 199.)

Voici ce que dit, sur cet oiseau fabuleux, Motarrézi, dans son commentaire sur la L.ᵉ séance de Hariri. Je citerai ce passage en entier, quoique fort long, attendu qu'il est inédit, et qu'il peut ne pas être indifférent aux orientalistes.

العنقا طائر عظيم معروف الاسم مجهول الجسم قال للخليل لم يبق فى ايدى الناس من صفتها غير اسها قال ويقال سقّيت عنقا لانه كان فى عنقها بياض كالطوق وقيل لطول عنقها وعن ابن الكلبى كان لاهل الرس نبىّ يقال له حنظلة بن صفوان وكان بارضهم جبل يقال له دمج مصعد فى السفا ميل فكانت تنتابه طائرة كاعظم ما يكون لها عنق طويلة من احسن الطير فيها من كل لون فكانت تقع منتصبة فكانت يكون على ذلك الجبل تنقضّ على الطير فتاكلها فجاعت ذات يوم واعوزت الطير فانقضّت على صبى فذهب به فسميت عنقا مغرب بانها تغرب كلما اخذته ثم انها انقضّت على جارية فضمّنتها الى

جناحين لها صغيرين ثم طارت بها فشكوا ذلك الى نبيهم فقال اللهم خذها واقطع نسلها وسلط عليها آفة فاصابتها صاعقة فاحترقت وفى ربيع الابرار روى عن ابن عباس رضى الله عنهما انه قال ان الله تعالى خلق فى زمن موسى عليه السلام طائرة اسمها العنقا لها اربعة اجنحة من كل جانب وجهها كوجه الانسان واعطاها من كل شى حسن قسطًا وخلق لها ذكرًا مثلها فاوحى اليه عليه السلام انى خلقت طائرين عجيبين وجعلت رزقهما فى الوحوش التى حول بيت المقدس وانستك بهما وجعلتهما زيادة فيها فضلت به بنى اسرائيل فتناسلا وكثر نسلهما فلما توفى موسى عَمَّ انتقلت فوقعت بنجد والحجاز ولم تزل تاكل الوحش وتختطف الصبيان الى ان نبّى خالد بن سنان العبسى وبين عيسى ومحمد عليهما السلام فشكوها اليه فدعا الله فقطع نسله وانقرضت قال للجاحظ الامم كلها تضرب المثل بعنقا فى الشى يسمع ولا يرى كما قال ابو نواس

وما خبزه الا كعنقا مـــغرب
تصور فى بسط الملوك وفى المثل
يحدث عنها الناس من غير رؤية
ترى صورة ما ان تمر وما تحـــل

وعن المعتضد بالله انه كان يقول عجائب الدنيا ثلاث اثنتان لا تريان وواحدة ترى فاللتان لا تريان عنقا مغرب والكبريت الاحمر واما ما التى ترى فابن الجصاص للجوهرى قارون الامة

قال واسم العنقا عندهم سيمرغ كانهم قالوا هى وحدها ثلثون طائرا والعرب اذا اخبرت عن هلاك شى وبطلانه قالت حلّقت به فى الجوّ عنقا مغرب ،

« L'*anca* est un grand oiseau que l'on ne connaît que de nom.
» Khalil s'exprime de la même manière.

» On dit qu'on l'a nommé *anca*, parce qu'il a au cou un tour
» blanc qui ressemble à un collier. D'autres disent qu'on l'a ainsi
» nommé à cause de la longueur de son cou; mais Ebn-Elkelbi
» dit : Les habitans de la ville de *Res* avaient un prophète que
» l'on nommait *Hantala*, et il y avait dans leur pays une mon-
» tagne nommée *Damaj*, qui avait un mille de hauteur. Il y
» venait un oiseau très-grand, qui avait un cou très-long, très-
» beau et de diverses couleurs. Cet oiseau se précipitait en se
» posant tout debout, et il tombait sur les oiseaux qui étaient sur
» cette montagne et les mangeait. Un jour il eut faim, et les
» oiseaux lui manquant, il se jeta sur un enfant et il l'emporta. (On
» le nomma *anca mogreb*, parce qu'il emporte bien loin toutes
» les proies qu'il saisit.) Il se jeta ensuite sur une jeune fille, la
» mit entre deux petites ailes qu'il a, et l'emporta. Les gens de
» la ville se plaignirent alors à leur prophète, et il dit : Mon
» Dieu! délivre-nous de cet oiseau; empêche-le de se repro-
» duire, et abandonne-le au malheur. Bientôt après, l'anca fut
» frappé de la foudre.

» Dans l'ouvrage intitulé *Rabi alabrar*, on rapporte, sur l'auto-
» rité d'Ebn-Abbas, que Mahomet a dit que, du temps de Moïse,
» Dieu créa un oiseau femelle nommé *anca*. Il avait quatre ailes de
» chaque côté et portait la figure d'un homme. Dieu lui donna
» une portion de chaque chose, et lui créa ensuite un mâle de la
» même espèce. Alors Dieu fit cette révélation à Moïse (sur qui
» soit la paix!) : J'ai créé deux oiseaux extraordinaires, et je leur
» ai assigné pour nourriture les bêtes féroces qui sont autour de
« Jérusalem. Je t'ai rendu familier avec eux, et je les ai donnés
» par surcroit à ce que j'ai accordé aux enfans d'Israël.

» Mais leur espèce s'augmenta par la progéniture; et lorsque
» Moïse fut mort, ils allèrent dans la terre de Najd et de Héjaz,
» et ne cessèrent de manger des bêtes féroces et d'enlever des en-
» fans, jusqu'au temps où Khaled fils de Sénan Abasi fut fait pro-
» phète entre le temps de Jésus-Christ et de Mahomet. Alors on
» se plaignit de ces oiseaux; Khaled invoqua Dieu, et Dieu ne
» leur permit plus de se multiplier, et leur race même fut
» éteinte.

» Jahez dit : Tous les peuples citent l'anca en proverbe, pour
» exprimer une chose dont on entend parler sans la voir. C'est ainsi
» qu'Abou-Navas a dit : « Son pain (d'un avare apparemment)
» est comme l'anca mogreb, que l'on peint sur les tapis des rois,
» et au sujet duquel les hommes ont fait des proverbes sans qu'on
» l'ait jamais vu : c'est une figure qui ne passe ni ne reste. »

» On rapporte que Motaded-billah disait : Il y a trois choses
» admirables dans le monde; deux ne se voient pas, et une se
» voit. Celles qu'on ne voit pas sont l'anca mogreb et le soufre
» rouge (la poudre de projection); et celle qui se voit, c'est Ebn-
» Eljassas le joaillier, Caroun des musulmans.

» L'anca se nomme *simorg* en persan, ce qui signifie *trente*
» *oiseaux* (*).

» Lorsque les Arabes veulent exprimer qu'une chose a péri et
» s'est anéantie, ils disent : Anca mogreb l'a emporté dans l'air. »

Je dois ajouter à ce long récit, que les auteurs mystiques parlent
souvent de la Divinité sous le nom de l'*anca* ou du *simorg*. Voyez-
en un exemple dans le *Pend-namèh*, p. *171*.

P. *119*, l. *17*. Comme je n'ai jamais traduit le قال qui commence une grande partie des allégories, je ne le traduirai pas
non plus ici, quoiqu'il soit suivi des mots قدس الله روحه وسره

(*) En effet, le mot persan سی signifie *trente*, et مرغ signifie *oiseau*.

ajoutés par les copistes, dont le sens est : « Que Dieu sanctifie son
» ame et son tombeau ! »

P. 119, l. 21. J'ai omis à dessein, dans ma traduction, les mots والمعاني لمن اعنيت ولكن لك الحديث فاسمعي يا جارة «.Les sens
» cachés sont pour ceux que j'ai eus en vue ; mais ma voisine
» l'histoire est pour vous : écoutez-la donc. »

P. 119, l. 22. Cette allégorie est toute mystique. Les oiseaux
sont les hommes ; le griffon ou anca est Dieu ; l'île où les oiseaux
se rendent est le ciel ; la route si difficile qui y conduit, ce sont
les vertus et les différens degrés du spiritualisme. Je pense qu'avec
ces données on comprendra facilement tout le reste.

P. 120, l. 4. On trouve également dans le *Coran, III, 97,* واعتصموا بحبل الله et voici comment Beïdhawi explique ces mots :
بدين الاسلام وبكتابه لقوله عليه الصلاة والسلام القران حبل
الله المتين استعار له للحبل من حيث ان التمسك به سبب النجاة
عن التردي « Attachez-vous à la religion musulmane et au
» Coran, d'après ce qu'a dit Mahomet : le Coran est la corde
» ferme et solide de Dieu (حبل). Le prophète a employé ici
» le mot *corde* par métaphore, parce qu'en effet, ceux qui
» viennent à tomber dans un puits se sauvent par le moyen d'une
» corde. »

P. 120, l. 21. Ces mots sont tirés de la *XXIX.ᵉ surate, v. 5.*

P. 120, l. 23. Les mots ويحذركم الله نفسه sont du *Coran,
III, 27,* et ils signifient à la lettre : » Dieu vous engage à le
» craindre. »

P. 120, l. 25. Les mots منادى الطلب signifient à la lettre,
« le harangueur de la recherche » : toutefois, il faut observer que
الطلب est ici le premier degré de la vie religieuse et spirituelle
(هست وادئ طلب زآغازكار). Voyez le *Pend-namèh, p. 168 et
suiv.* Quant aux mots ففروا الى الله, qui suivent, ils sont pris de
la *LI.ᵉ surate, v. 50.*

P. 121, l. 2. Les mots وبتفكرون فى خلق السموات والارض sont du *Coran*, III, 188.

P. 121, l. 4. Les mots ومن يخرج من بيته مهاجرًا sont du *Coran*, IV, 101. J'ai mis, dans ma traduction, *&c.* après le mot *fuir*, parce que le sens n'est pas complet. Voici ce qu'on lit dans le *Coran*, à la suite de ces mots, الى الله ورسوله ثم يدركـه الموت فقد وقع اجره على الله : « Celui qui quittera sa maison » pour suivre la cause de Dieu et de son prophète, et que la mort » atteindra ensuite, certes Dieu se charge de le récompenser. »

P. 121, l. 11. Les mots تغاشي et تلاشي sont deux noms d'action de la sixième forme des verbes غشى et لشى. Le ى est ici retranché en vertu d'une des règles de permutation. *Gr. ar. t. I, p. 86.*

P. 121, l. 20. Les mots ما تشتهيه الانفس وتلذّ الاعين sont du *Coran*, XLIII, 71.

Tout ceci et ce qui suit, jusqu'aux vers, est la description du paradis. Il n'est pas difficile, en lisant ces lignes, de se convaincre de la fausseté de l'opinion de ceux qui croient que Mahomet n'admet dans le ciel que des plaisirs sensuels. D'abord, comme l'observe Reland (*de Rel. Mohamm. §. XVII*), d'après Hyde, plusieurs musulmans, et même les plus raisonnables, pensent que ces plaisirs sont purement allégoriques ; mais, dans la supposition même que Mahomet admette réellement dans l'autre vie ces plaisirs corporels, ils sont purement accessoires, et la vision béatifique et l'union avec Dieu sont toujours la première et la principale jouissance des bienheureux. Mahomet, d'ailleurs, dit en propres termes dans le *Coran* (IX, 73), après avoir fait la description du paradis : « Mais par-dessus tout, la » complaisance et la faveur de Dieu, bonheur au-dessus de toute » expression. » ورضوان من الله اكبر ذلك الفوز العظيم

J'avoue cependant que, dans le *Précis de la Foi musulmane*, intitulé رسالة بركوى, qui n'est autre chose qu'un catéchisme, il n'est point parlé de la vue de Dieu ni d'aucune autre jouissance spirituelle. Voici ce qu'on y lit simplement, *p. 21* (édit. de Scutari):

جنّت اهلی جنّته کیردکدن مکره ابدًا انده
قالورلر هیچ چیقمازلر انده اولمك وقوجامق وقاریمق اولماز
قفتانلری اسکیمز ایاق یولنه وارمق واویومق یوقدر وانده اولان
حوریلر وعورتلر حیضدن ونفاسدن ویاراماز خلقدن بریلردر
هر نه طعام وشراب استرلر ایسه حاضر اوکلرینه کلور
ویپشورمك قوتارمق اولماز طویراغی مسکندر بناسنك بر
کرپیچی التون وبری کومشدر

> Le latin, dans les mots, brave l'honnêteté ;
> Mais le lecteur français veut être respecté,

a dit Boileau : ainsi, comme il me serait impossible, sans blesser la délicatesse française, de traduire littéralement dans notre langue le texte turc que je viens de citer, je vais y suppléer par une traduction latine :

« Electi, in paradisum introducti, sempiternam ibi sedem ha-
» bebunt, ex eo nunquam exituri. Ibi, neque senectus, neque
» mors ; nulla alteratio. Vestes illorum haud deterentur. Ibi, nec
» ventrem laxare, nec somnum capere opus erit. Virgines pa-
» radisi, et mulieres in eo admissæ, menstruis non laborabunt,
» non parturient, neque aliis omnibus incommodis erunt ob-
» noxiæ. Quidquid de cibo aut potu desiderabunt, aderit ; nec
» de arte coquinariâ, nec de cœnatico apparatu curandum. Para-
» disi terra erit moschea, et illius structuræ lateres, alii ex auro,
» alii ex argento. »

On voit par ce passage même qu'il n'y a également rien de plus faux que l'assertion de ceux qui disent que Mahomet a exclu les femmes du Paradis, et, pour le prouver encore, je pourrais citer une foule de passages du *Coran* ; mais, comme cela m'obligerait à faire une longue digression, je me contenterai de faire mention de ces mots tirés de la surate XL, v. 43: من عمل صالحا من ذكر او انثى وهو مومن فاولئك يدخلون الجنة يرزقون فيها بغير حساب « Celui qui fera le bien, qu'il soit homme ou » femme, pourvu qu'il croie en Dieu, entrera dans le paradis, » où Dieu le comblera des faveurs les plus abondantes. »

P. 121, l. 23. Ces mots sont tirés de la s. LXIX, v. 24. On traduirait littéralement هنيا en style d'Amyot, par *bon prou vous fasse.*

P. 121, l. 27. Les mots يلبسون من سندس واستبرق sont du *Coran*, XVIII, 30, et le mot متقابلين, LVI, 16. Voici comment le commentateur Beïdhawi explique dans ses gloses les mots سندس مما رق من الديباج وغلظ منه جمع بين النوعين : استبرق et للدلالة على ان فيها ما تشتهى الانفس وتلذ الاعين

P. 122, l. 2. Les mots وزوجناهم بحور عين sont du *Coran*, LII, 19. Voyez, sur les mots حور عين, les notes sur le paon.

P. 122, l. 10. Voyez, sur les mots صفقة المغبون, les notes sur la colombe.

P. 122, l. 15. On a mis مهاجر pour مهاجرا, à cause de la rime.

P. 122, l. 26. Il semble qu'au lieu de سيدى, il devrait y avoir سيدنا; cependant tous les mss. portent la même leçon. Les Arabes font peut-être comme nous, qui, dans ce cas, disons *monsieur*, et non *notre sieur* (excepté en style de commerce).

P. 123, l. 1. Ceci fait allusion au verset 16 de la XXXV.ᵉ sur. du *Coran*.

P. 123, l. 13. Ce qui suit, jusqu'à la fin, ne se lit point dans le ms. A; mais les trois autres mss. le donnent rédigé à-peu-près de la même manière. En général, j'ai suivi de préférence le manuscrit B.

Voici comment le ms. A termine cette allégorie et tout l'ouvrage:

ثم ساروا الى دار نعيمها وخيرها عميم ، قصورها عليه ، واغصانها

P

دانيه ، نعيمها سرمد ، وداخلها مويّد ، لا يدركون فيها الموت ،
ولا يخافون الفوت ، مع خيرات حسان ، وحور وولدان ،
وشى لا يصل الى وصفه الواصفون ، كما اخبر الله تعالى فى كتابه
المكنون ، وهذه الدار تسمى دار السلام ، ومحل النعيم والاكرام ،
وليكن هذا اخر ما اردناه من الكلام ، فى هذه الرسالة
والسلام ، « Ensuite ils allèrent dans un lieu où la félicité et
» le bonheur étaient sans bornes. On y voit des châteaux élevés,
» des rameaux inclinés, et on y jouit d'une volupté éternelle.
» Ceux qui y entrent sont fortifiés par la grâce; ils ne goûtent
» pas la mort (*), et leur bonheur ne cesse point. Ils ont des
» biens excellens (**), des houris, de jeunes échansons, et, par-
» dessus tout, quelque chose qui ne peut se décrire, comme
» Dieu l'assure dans son livre précieux. Cette demeure enfin est
» la demeure de la paix, et le lieu de la félicité et de l'honneur.
» Nous finirons ici ce que nous avons voulu dire dans cet ou-
» vrage. Adieu. »

P. 123, l. 14. Le mot مقيل signifie, « dormir dans le temps
nommé قائلة c.-à-d. à midi [نصف النهار]. Kamous, p. 1534.
Il est également dit dans le Coran : XXV, 26. أصحاب الجنة
يومئذ خير مستقرًا وأحسن مقيلا . Beïdhawi explique le mot
مقيل de plusieurs manières. J'ai suivi sa première explication.

P. 123, l. 17. Cette phrase se trouve dans le Coran, LXXVI,
17. Quant au زنجبيل, c'est l'Amomum Zingiber de Linnée. Voici
la glose de Beïdhawi sur ce mot: ما يشبه الزنجبيل فى الطعم
وكانت العرب يستلذون الشراب الممزوج به « Par Zengébil, il
» faut entendre ici ce qui a de l'analogie avec cette graine, quant

---

(*) Coran, XLIV, 56.

(**) Coran, LV, 70.

» au goût; car les Arabes aimaient beaucoup les boissons faites
» avec du gingembre. »

Selon le *Kamous, p. 1464,* « le *Zengébil* est une racine qui s'étend
» dans la terre; la plante qu'elle porte ressemble au roseau et au
» papyrus: elle a une vertu échauffante, elle aide à la digestion;
» elle est un peu adoucissante, belle, répandant une odeur dé-
» licate: mêlée avec la partie humide du foie de bouc, séchée
» et réduite en poudre très-fine, on s'en sert comme d'un col-
» lyre pour faire cesser l'obscurcissement de la vue. » عـرق
يسرى فى الارض ونباته كالقصب والبردى له قوة مخنة
هاضمة ملينة يسيرًا باهية مذكية واذا خلط برطوبة كبد المعز
وجفف وسحق واكتحل به ازال الغشاوة وظلمة البصر

P. 123, l. 19. Cette phrase est du *Coran*, LXXVI, 5. Voici
ce que dit Beïdhawi sur le mot كافور: لبرده وعذوبه وطيب
عرفه وقيل اسم ما فى الجنة يشبه الكافور فى رائحته وبياضه
« Le camphre est cité ici à cause de sa vertu rafraîchissante, de
» sa douceur et de sa bonne odeur. On dit aussi que, dans ce
» passage, il s'agit du nom d'une chose qui se trouve dans le
» paradis, et qui ressemble au camphre par son odeur et par sa
» blancheur. »

P. 123, l. 22. Voici la glose de Beïdhawi sur le mot سلسبيل
(*Cor.* LXXVI, 18): لسلاسة انحدارها فى الحلق وسهولة مساغها
يقال شراب سلسل وسلسال وسلسبيل ولذلك حكم بزيادة
البا والمراد به ان ينفى عنها لذع الزنجبيل ويصفها بنقيضه
وقيل اصله سل سبيلا فسميت به كتنابط شرًا لانه لا يشرب منها
الا من سأل اليها سبيلا بالعمل الصـــــالح

« Cette eau se nomme *salsabil*, à cause de la facilité avec laquelle
» elle descend dans le gosier. On emploie dans le même sens les
» mots سلسل, سلسال et سلسبيل ; c'est pourquoi l'on dit que

» le ب est ajouté à la racine. Par ce mot on veut nier que cette
» eau ait le piquant du *gingembre*, et lui attribuer la qualité con-
» traire ; d'autres disent que l'origine de ce mot est سل سبيلا
» [demande un chemin], et qu'on a ainsi nommé cette source
» de ce nom composé (comme on a nommé un poëte تأبّط شرًّا),
» parce que celui-là seul boit de cette eau, qui demande le chemin
» pour y aller, en se comportant bien. » Voyez aussi, sur ce mot,
Chardin, édit. de M. Langlès, *t. VI, p. 46, note.*

P. 123, l. 25. Le mot فنية que j'avais d'abord cru synonyme de فنا ne se trouve pas dans les dictionnaires; d'ailleurs
l'idée de mort, même dans le sens mystique, ne paraît pas conve-
nable ici. On peut conjecturer que l'auteur avait écrit عنية *cura,
sollicitudo, studium &c.* Le sens serait donc alors : « approchez de
» sa maîtresse l'amant, puisque sa passion est à son comble. »

P. 123, l. 26. Les mots ولقّاهم نضرة وسرورًا sont du *Coran*,
LXXVI, 11.

P. 123, l. 27. Les mots وسقاهم ربهم شرابا طهورًا sont du *Cor.*
LXXVI, 21. Voici comment Beïdhawi explique ces mots : يريد
به نوعا اخر يفوق على النوعين المتقدمين ولذلك اسند سقيه
الى الله ووصفه بالطهورية فانه يطهر شاربه عن الميل الى
اللذات الحسية والركون الى ما سوى الحق فيتجرد لمطالعة جماله
ملتذا بلقائه باقيا ببقائه وهى منتهى درجات الصديقين
ولذلك ختم به ثواب الابرار

« Dieu veut indiquer par ces mots un autre genre de boisson
» qui surpasse les deux espèces précédentes, et c'est pourquoi
» Dieu est le sujet du verbe; quant à la qualité de *purifiant* qui
» est donnée à ce breuvage, c'est parce qu'il purifie celui qui le
» prend, de toute inclination aux plaisirs sensuels, et de toute
» confiance en ce qui n'est pas Dieu, en sorte qu'il ne pense
» plus qu'à contempler la beauté ineffable de Dieu, et à jouir
» de l'union mystique avec la divinité, n'existant plus qu'en

(229)

» elle, ce qui est le dernier degré où puissent parvenir les justes;
» et c'est pourquoi Dieu finit par ces mots: la description de
» la récompense des élus. »

P. 124, l. 5. On lit de même, dans la VIII.ᵉ séance de Hariri:
ومتى استزيد زاد « Toutes les fois qu'on demande (du collyre
» à l'aiguille), elle en donne. »

P. 124, l. 9. Les mots فى مقعد صدق عند مليك مقتدر
sont du *Coran, LIV, 55.* Beïdhawi explique les mots مقعد صِدْق
par فى مكان مرضىّ

Après ces mots le ms. D intercale six vers, qui ne me paraissent
pas assez intéressans pour que j'en surcharge mes notes.

P. 124, l. 17. On lit les mêmes mots dans Isaïe (*LXIV, 4*):
ומעולם לא־שמעו לא האזינו עין לא־ראתה אלהים זולתך יעשה
למחכה־לו:

Et dans saint Paul *(I Cor. II, 9)*, qui ne fait que citer Isaïe:

Ἀλλὰ, καθὼς γέγραπται, Ἃ ὀφθαλμὸς οὐκ εἶδε, ἢ οὖς ἐκ
ἤκουσε, καὶ ἐπὶ καρδίαν ἀνθρώπου ἐκ ἀνέβη, ἃ ἡτοίμασεν ὁ
Θεὸς τοῖς ἀγαπῶσιν αὐτόν.

P. 124, l. 24. Au lieu du mot طلعن, les mss. C et D portent

ADDITIONS AUX NOTES.

*P*AGE *33, ligne 6.* Je devais traduire simplement : « N'espère » pas jouir de l'objet de tes desirs. » أمالي est le pl. de أمنية *res optata*.

P. *33, l. 14.* Les mss. portent بشر, comme je l'ai imprimé ; mais il faut بشرا au duel. Il est possible que l'on rencontre quelques irrégularités semblables du langage vulgaire : cependant je ne crois pas qu'on en trouve beaucoup, car je me suis fait une loi de rétablir toujours le texte d'après les règles de la grammaire.

P. *142, l. 8.* Je pense qu'on ne sera pas fâché de trouver ici des vers de Malherbe, *I, 3 (Larmes de S. Pierre),* qui expriment absolument la même idée que le vers persan que j'ai cité dans ma note :

Les arcs qui de plus près sa poitrine (de S. Pierre) joignirent,
Les traits qui plus avant dans le sein l'atteignirent,
Ce fut quand du Sauveur il se vit regardé.
Les yeux furent les arcs; les œillades, les flèches
Qui percèrent son ame et remplirent de brèches
Le rempart qu'il avait si lâchement gardé.

P. *145, l. 16.* Je n'avais pas besoin de chercher une preuve de mon assertion dans Soyouti; mon allégorie contient de même la preuve que le *Ban* des poëtes arabes n'est autre chose que le *Khalaf* [*Salix ægyptiaca*]. Voici ce qu'y dit le *Ban* [بان], *p. 22, l. 13* du texte ar. : خلافي فليس للخلاف « Le *Khalaf* [le *Ban*] ne s'y oppose pas. »

(231)

La conclusion que je tire dans ma note acquiert donc un nouveau degré de certitude, et je suis toujours plus convaincu de la vérité de mon observation. Toutefois le Kamous ne parle que du شجر بان *Glans unguentaria.* Voici ce qu'on y lit, p. 1726 : ولحبّ ثمره دهن طيب الخ . « C'est un arbre dont le fruit a » une graine qui donne une huile excellente &c. » Mais à l'article خلاف p. 1158, je trouve une preuve de plus que le خلاف est un saule : « Le *khalaf*, y est-il dit, est du même genre que le » *safsaf* (synonyme de غرب *Salix babylonica*, voyez p. 143), » mais non pas de la même espèce. On le nomme خلاف [con-» traire], parce que, transporté par le courant, il croît en sens in-» verse. » صنف من الصفصاف وليس به سمّى خلافا لان السيل يجىء به سبيبا فينبت من خلاف اصله

P. 147, l. 20. Les mots أخذت زخرفها وازّيّنة sont du C. X, 25.

P. 164, l. 19. Comme mes mss. ne portent pas de voyelles, on peut donner plusieurs sens aux mots فكانها الزهر والنهر لى عيدان Celui que je leur ai donné dans ma traduction est peut-être le plus vrai; toutefois je traduirais actuellement ainsi : « Je » sautille sur les rameaux, tandis que les fleurs et le ruisseau sont » comme deux lyres qui accompagnent mes accens. ».

P. 183, l. 11. Je crois qu'il est bien plus simple de considérer le premier جانى comme le nom d'agent de جنى *carpsit, legit, &c.* جانى est pour جانٍ à cause de la rime.

P 4

TABLE ALPHABÉTIQUE
DES MOTS ARABES ET PERSANS
EXPLIQUÉS
DANS LES NOTES.

Nota. Les mots arabes sont rangés suivant l'ordre des racines.

ا page 212.

ایمان , 165.

آب حیوان – آب حیات , 180.

ابو مدفع , 215.

ابو طاقة , 215.

ابو كلب , 215.

اذان , 178.

ازاد درخت , 193.

آس , 136.

اقاح – اقحوان , 155.

الاله , 205.

امائر – امارة , 191.

انسان , 165.

اود , 135.

بادیع , 149.

باز , 164.

حب البان – بان , 142, 143, 144, 145, 146, 147, 230, 231.

بتاع, *V.* متاع

بخت , 205.

بخور جاوى , 157.

مبخرة , 157.

بُسّر , 161.

استبرق , 225.

تبرقع – برقع , 132.

پروانه , 184.

تبسّم , 128.

بشنین الخنزیر – بشنین عربی , 141.

مقدونس – بقدونس , 148.

البقیع , 206.

جل , 128.	بلبل هزار – بلا بل – بلبـــل 163.
جلس , 139.	بلاد – بلد , 194.
جلنار , 128.	ابليس , 170.
تجلّى , 170.	بلقيس , 197, 198.
جمست , 149.	بليلج V. هليلج
جمع , 153, 156, 187, 212.	بنفسج – منفسج , 148.
مجمع البحرين , 180.	بنفش , 149.
حبيب , 177.	بنوفر V. نيلوفر.
حداد , 186.	بهـــار , 137.
حادٍ , 159.	بيجادة , 149.
تحريج – حراج , 167.	بيمارستان , 191.
حشو , 170.	بين , 153.
حضرة , 173.	ت , 138.
حِكَم – حكمة , 148.	تقديس , 158.
حمام , 165.	توبة , 210.
محمودة , 195.	تيهار خانه , 191.
حنطة , 161, 167.	ث , 138.
حور عين – حور , 171.	ثُمّ , 173.
احوال – حال , 130.	ثُمّ , 173.
حانة – حان , 132.	ثوب العاشق , 134.
مخبر – خبر , 150.	مجذوب – جذبات – جذبة 180.
خدمة , 138.	جاذر , 187, 188.
خزامة – خزام , 156.	جرف هارٍ , 156.
خطبة – خطيب , 190.	جزع , 149.
خطاف , 168, 169.	جفت الاقلام , 154.
خفاش , 175.	جفن , 172.
خلاف , 143, 144, 145, 230, 231.	

سرمه, 213.	خلوة, 150.
سفرة, 204, 205.	خوان, 204, 205.
تسلسل – سلسلة, 131.	جنبر – شبر – خيار شنبر, 195.
سلسبيل, 227.	د , 138.
سالك, 167.	ذُرَّة, 173.
أسلام, 165.	درويش, 204.
سمع, 129.	دلّال, 167.
سماع, 153.	دود القز, 211.
السميع, 174.	ذ , 138.
سندس, 225.	الذبيح, 158.
سوف, 192.	ذمول, 206.
سوق النفاق, 158.	ذوق, 152, 153, 166.
سيدى, 225.	مرحوم, 175.
سيمرغ, 218, 221.	مرهّة, 157.
سينا, 142.	رند, 128.
اهباع, 132, 160.	ريحان, 153, 155.
شحارير – شحرور, 130.	زبرجد, 149.
شقائق – هقائق – شقيق النعمان, 159, 160.	مزرعة الوجود, 173.
شقّ عن ساق – شقّ, 158, 159.	زكاة, 155.
شمس, 156, 187, 212.	زمرد, 139, 149.
شنبدن, 129.	زمول, 205, 206.
شوق, 166.	زينب, 128.
شبيه, 157.	زنجبيل, 226.
شيخ, 157.	مزار, 184.
صبا, 132.	سائل, 204.
صفصاف, 230.	تسبيح, 157, 158.
ض , 138.	ستان, 191.
ضباب – ضبّ, 199, 200.	سراب, 198.

(235)

معنى - معانى - تمعنا , 148, 183.
عاد , 186.
عود , 157, اعواد , 205.
عين البقر , 137.
عين الحياة , 180.
غدا , 140.
غرب , 143.
غربال , 196.
غزال , 157.
تغانى , 223.
الاغيار , 178.
فتوى , 184.
فردا , 140.
فراش , 184.
فقد - فقدان , 127.
فقر - فقير , 181, 204.
فنــا , 181.
فيروزة , 149.
قدر , 137.
تقديس , 158.
قارورة , 191.
قرة العين , 141.
مقرّبون , 176.
قرص , 170.
قاشر , 187.
قضا , 137.
قمقم , 157.

ضبارة , 188, 187.
طــل , 179.
الطلب , 222.
طلق , 149.
طاعة , 178, 138.
طاق - طاقة - طاقات , 215.
طيبة , 207.
ظ , 138.
عبد - عباد - عبيد , 186.
معجمة , 139, 140.
عرار , 137.
معـراج , 129, 176.
عرائس النيل , 141.
اعتراض , 170.
عارف - معرفة - معرفة الله 129, 135, 177, 181.
عرق بيد , 144.
العظماء , 199.
عقيق , 149.
معقول , 216.
علم الالحان , 153.
العليم , 174.
على راسى , 151.
عتّاب , 195.
عندليب , 163.
معانقة , 205.
عنقا , 218.
عنكبوت , 214.

متاع — بِتاع, 148.	قبح, 161, 167.
تمدرع, 183.	قال, 129, 164.
المدينة النبوية — المدينة مدينة النبي, 206.	استقامة, 177.
	مقام محمود, 174.
مريج, 213.	قهقهة, 128.
مرسين, 136.	مقبيل, 226.
مسكن, 183.	كُل, 213.
مغ بچه, 132.	كدا, 204.
مقدونس V. بقدونس	كسفرة — كزبرة, 217.
تمكين, 177.	كشف, 130.
تمندل, 183.	كعك, 170.
منفسج V. بنفسج	كافور, 227.
أماني — امدية, 230.	كل, 128.
ماء ورد, 157.	كلس, 149.
موت, 181.	لاجورد, 149.
مي خانه, 132.	لبان, 180.
ميل, 213.	لثم, 148.
ناووس, 173.	لحان — لحن, 153.
نجد, 129.	تلاتش, 223.
نجدة, 145.	لعاب, 214.
نخل, 181.	لعل, 149.
منخل, 196.	لعلّ, 192.
نداما — ندمان, 159.	تلميح, 155.
نركس-نرجيس-نرجس, 138.	لما, 185.
نرد, 136.	تلوين, 177.
نشر, 148.	ليلتك بيضا, 141.
نشستن, 139.	ليلى, 132.
نضارة, 148.	نيلوفر V ليتوفر
منظر, 150.	

(237)

205، نعش	189، هتف
207، نعام	191، هدهد
154، نمام	172، هدب
188، نوح	163، هزار
131، نور	146، هليلج – هاليلج – هليلج، 193، 194، 195
نوفر – بنوفر – لينوفر – نيلوفر 141	179، هِمَّة
160، وا	128، هند
179، وابل – وبل	170، هو
206، وادى العقيق	185، يا
199، ورل الأرض – ورل	151، 152، ياسمين
188، واعظ	148، 179، يواقيت – ياقوت
129، توفيق	206، يثرب
178، مواقيت – ميقات	149، يشب
171، ولدان	177، يقين
152، ويك	198، يلامع – يلمع
185، ها	208، اليوم الموعود

TABLE
DES MATIÈRES
CONTENUES
DANS CET OUVRAGE.

Avant-propos.................................*Page* vij.
Préface d'Azz-eddin Elmocaddessi................... 1.
Alleg. I.re   Le zéphyr.................................. 9.
    II.   La rose..................................... 12.
    III.   Le myrte................................... 15.
    IV.   Le narcisse................................ 17.
    V.   Le nénufar................................. 19.
    VI.   Le saule d'Égypte.......................... 22.
    VII.   La violette................................ 26.
    VIII.   La giroflée............................... 28.
    IX.   Le jasmin.................................. 32.
    X.   Le basilic.................................. 34.
    XI.   La camomille............................... 36.
    XII.   La lavande................................ 38.
    XIII.   L'anémone................................ 41.
    XIV.   La nue.................................... 43.
    XV.   Le rossignol............................... 45.
    XVI.   Le faucon................................. 48.
    XVII.   La colombe............................... 51.
    XVIII.   L'hirondelle............................ 54.
    XIX.   Le hibou.................................. 57.

ALLÉG. XX.	Le paon..................*Page*	61.
XXI.	La perruche.................	65.
XXII.	La chauve-souris............	69.
XXIII.	Le coq.....................	73.
XXIV.	Le canard..................	75.
XXV.	L'abeille...................	78.
XXVI.	La bougie..................	81.
XXVII.	Le papillon.................	83.
XXVIII.	Le corbeau.................	87.
XXIX.	La huppe...................	91.
XXX.	Le chien...................	98.
XXXI.	Le chameau................	101.
XXXII.	Le cheval..................	103.
XXXIII.	Le loup-cervier.............	107.
XXXIV.	Le ver-à-soie...............	110.
XXXV.	L'araignée..................	113.
XXXVI.	La fourmi..................	116.
XXXVII.	Le griffon..................	119.

NOTES.

Préface d'Azz-eddin Elmocaddessi..................		127.
ALLÉG. I.re	Le zéphyr..................	131.
II.	La rose....................	133.
III.	Le myrte...................	136.
IV.	Le narcisse.................	138.
V.	Le nénufar.................	141.
VI.	Le saule d'Égypte...........	142.
VII.	La violette.................	148.
VIII.	La giroflée.................	149.
IX.	Le jasmin..................	151.
X.	Le basilic..................	153.
XI.	La camomille...............	155.
XII.	La lavande.................	156.
XIII.	L'anémone.................	159.

Allég. XIV.	La nue..................................	Page 161.
XV.	Le rossignol............................	163.
XVI.	Le faucon..............................	164.
XVII.	La colombe............................	165.
XVIII.	L'hirondelle...........................	168.
XIX.	Le hibou...............................	169.
XX.	Le paon................................	170.
XXI.	La perruche............................	173.
XXII.	La chauve-souris......................	175.
XXIII.	Le coq.................................	178.
XXIV.	Le canard..............................	179.
XXV.	L'abeille...............................	181.
XXVI.	La bougie..............................	183.
XXVII.	Le papillon............................	184.
XXVIII.	Le corbeau............................	186.
XXIX.	La huppe..............................	191.
XXX.	Le chien...............................	201.
XXXI.	Le chameau...........................	205.
XXXII.	Le cheval..............................	207.
XXXIII.	Le loup-cervier........................	210.
XXXIV.	Le ver-à-soie..........................	211.
XXXV.	L'araignée.............................	214.
XXXVI.	La fourmi.............................	217.
XXXVII.	Le griffon.............................	218.

Additions aux notes................................. 230.
Table alphabétique des mots arabes et persans expliqués dans les notes.. 232.

FIN.

www.ingramcontent.com/pod-product-compliance
Lightning Source LLC
Chambersburg PA
CBHW050333170426
43200CB00009BA/1581